KB210517

Copyright © 2013 Frank Viola

Originally published in English under the title:
GOD'S FAVORITE PLACE ON EARTH
   by FRANK VIOLA
Published by David C. Cook, 4050 Lee Vance View Colorado Springs,
                           80918 U.S.A.
All rights reserved.

Used and translated by the permissions of David C. Cook.
Korean Edition Copyright ©2021, Daejanggan Publisher. Nonsan, South Korea

주님은 베다니를 사랑했지

지은이	프랭크 바이올라
옮긴이	이남하
초판	2021년 9월 28일
펴낸이	배용하
책임편집	윤찬란
표지 이미지	Fuu J
등록	제364-2008-000013호
펴낸곳	도서출판 대장간
	www.daejanggan.org
등록한곳	충남 논산시 매죽헌로 1176번길 8-54
대표전화	전화: 041-742-1424 전송 : 0303-0959-1424
분류	기독교	신앙생활	영적성장
ISBN	978-89-7071-567-4 (03230)

이 책의 저작권은 David C. Cook과 독점 계약한 대장간에 있습니다.
기록된 형태의 허락 없이는 무단 전재와 복제를 금합니다.

 값 12,000원

GOD'S
FAVORITE PLACE
ON EARTH

주님은
베다니를 사랑했지

프랭크 바이올라
이남하 옮김

이야기는
사람들이 한 곳을
바라볼 수 있게 붙잡아 준다.
이 책이
앞으로 그대들이 살아갈 나날들을
하나로 묶어줄 수 있기를.

| 차 례 |

"이 책은 예수님과 그분의 신비롭고, 멋지고, 놀랍고, 아름다운 길을 향한 나의 마음을 새롭게 해주었다. 내가 책을 읽을 때 뭔가 새로운 것을 배우는 경우는 흔치 않다. 하지만 프랭크 바이올라의 예리한 필치와 통찰력 있는 해석은 나로 하여금 진짜 예수님을 더욱더 갈망하도록 해준다. 그리스도인으로서 당신의 삶에 전환이 필요하다면, 이 책을 읽으라. 이 책은 당신을 실망시키지 않을 것이다."

매리 디머드 Mary DeMuth, 『믿음을 낳는 가정』의 저자

"프랭크 바이올라는 이 책에서 성육신 하신 그리스도의 삶을 통해 강력하고 실제적인 진리를 창조적으로 이끌어낸다. 예수님은 그분이 만나셨던 모든 사람을 사랑하셨다. 하지만 그분에게도 우리들처럼 그분에게 큰 기쁨을 안겨드렸던 특별한 관계가 있었다. '베다니'라 불렸던 하나님의 특별한 곳은 실제적인 삶, 실제적인 관계, 그리고 변화된 경험의 역사가 벌어진 현장이다. 당신이 이 책을 읽을 때 당신의 마음에 베다니가 생생하게 떠오르면서 당신의 영적 여정에 격려, 계시를 알아보는 통찰력, 그리고 새로운 힘을 찾게 될 것이다."

로버트 리차델 Robert Ricciardell, Converging Zone Network의 설립자

"이 책은 예수님을 향한 사랑이 물씬 풍겨나는 책이다. 이 책의 창조적인 구성은 주님과 우리 사이의 관계에 관하여 그분의 삶과 그분의 가장 가까웠던 친구들의 삶으로부터 배울 수 있는 교훈들을 제시해서, 우리로 하여금 가치있는 성찰을 할 수 있게 하는 초대의 창을 제공해준다."

크레이그 키너 Craig Keener, Asbury Seminary의 신약학 교수, 『IVP 성경배경주석:신약』, 『현대인을 위한 성령론』의 저자

"거장 세잔의 캔버스나 스트라빈스키의 악보 못지 않게, 프랭크 바이올라는 평소의 자신을 능가하는 역작이라 할 만한 작품을 선보였다. 차분하고도 치솟는 장엄함이 돋보이는 책이다. 소설, 전기, 신학, 성경 공부가 골고루 섞인 이 책에서, 프랭크의 상상력과 산문과 시를 넘나드는 필치는 예수님께서 지상에서 가장 좋아하셨던 곳인 베다니를 독자들에게 여느 때보다 더 확실히 분석해준다."

레너드 스위트 Leonard Sweet,

『관계의 영성』, 『의문을 벗고 신비 속으로』의 저자

"프랭크 바이올라는 영향력 있는 이야기꾼이다. 이 책의 이야기는 프랭크의 인생을 변화시켰다. 이것은 강력한 선언이다. 내가 이 책의 내용을 읽어보니, 당신이 '지상에서 가장 하나님 마음에 드는 곳을 배우게' 될 때 당신의 인생 역시 변화될 것을 확신하게 되었다. 당신에게 격려가 필요한가? 그리스도인으로 살아가면서 거부당했다고 느낀 적이 있는가? 이 책을 읽으라!"

론 에드먼슨 Ron Edmondson, 목사, ronedmondson.com의 운영자

"기독교 신앙의 핵심은 단지 어떤 책에 대한 충성이나 일련의 규칙들에 대한 복종이 아니다. 그 대신, 그것은 예수 그리스도와의 깊은 교류이다. 프랭크 바이올라는 작은 마을에서 살던 두 자매와 남동생이 그들의 평범한 현실과 그들이 겪은 고난, 삶, 죽음의 인간 드라마 안에서 그리스도를 만난 이야기를 새롭게 구성했다. 바이올라는 온화한 설교자와 숙련된 교사의 솜씨를 발휘해서, 마리아와 마르다와 나사로의 이야기로부터 독자들을 만왕의 왕이요 주인이신 그리스도와의 만남삶을 통째로 바꾸는으로 인도해줄 삶의 교훈을 이끌어냈다."

드와이트 롱네커 Dwight Longenecker, 목사

*The Quest for The Creed and The Romance of Religion*의 저자

멋진 고을을

소개하다

어느 시대든지 그리스도인은 똑같은 도전에 직면하게 된다. 즉, 의심, 낙심, 두려움, 죄책감, 분열, 거부, 그리고 소비지상주의와 자기만족을 거스르는 갈등과 마주치게 된다.

복음서는 예수님의 지상에서의 삶에 관한 놀라운 이야기를 들려준다. 하지만 여기서 우리가 종종 놓치고 지나가는 이야기가 하나 있다. 그리고 내 생각엔 이 이야기야말로 한 번도 알려진 적이 없는 가장 멋진 이야기, 즉 이야기 속의 이야기이다.

이것은 베다니Bethany라는 작은 고을을 반복해서 방문하신 예수님의 이야기이다.

사복음서에서 베다니에 관한 이야기를 찾아내어, 그곳에서 우리 주님의 발자취를 따라가다 보면 아름다운 대하 드라마가 펼쳐진다. 이 드라마는 의심, 낙심, 두려움, 죄책감, 분열, 거부, 소비지상주의, 그리고 영적 무관심, 즉 믿는 자로서 우리 모두가 직면하는 도전에 대해 말해준다.

이 책을 쓰는 목적은 베다니에 관한 이야기를 통해서 이것이 우리 삶에 주는 강력한 메세지를 전하기 위함이다. 왜냐고? 그것은 바로 이 이야기가 내 인생을 변화시켰기 때문이다. 나는 이 이야기가 당신의 인생도 변화시키기를 바란다.

이 책은 성서의 이야기를 바탕으로 쓴 것이다. 복음서는 우리에게 베다니에 관한 이야기의 골자를 제공했지만, 나는 여기에 대화, 액션, 분위기로 양념을 쳐서 자세한 설명을 붙여놓았다. 이 양념이 이 이야기에 색감과 촉감을 가미해주고, 성서의 본문에서 인상 깊은 독특한 점들을 발굴하여 생생한 총천연색 3D로 탈바꿈시켰다.

내가 창조적인 세부 사항들을 1세기의 역사에서 뽑아내었음을 주목하라. 즉, 그것들은 성서의 기록 및 신약학과 완전히 일치한다.

그렇다고 할지라도 이 책은 학문적인 저작은 아니다. 그래서 성서의 여러 자료에서 도출할 수 있는 다른 가능성들을 의도적으로 열어두었다. 이 이야기는 내가 아는 한 가장 최선의 연구를 토대로 쓴 것이다.

복음서에 따르면 베다니에는 네 명의 주인공이 살고 있었다. 마르다, 그녀의 동생 마리아, 그들의 남동생 나사로, 그리고 "나병환자 시몬"이라고 불리는 사람이 그들이다.

어떤 사람들은 예루살렘이 지상에서 가장 하나님 마음에 드는 곳이라고 생각할지도 모른다. 어떤 면에서는 그들이 맞을 수도 있다. 예루살렘이 성서에서 중심을 차지하는 곳이기 때문이다. 하나님께서 그분의 이름을 두기로 하셨던 곳이 그곳이고, 성전에서 그분의 임재를 나타내시려고 택하셨던 곳도 그곳이다.

그러나 예수님께서 등장하셨을 때, 거룩한 성 예루살렘은 하나님께서 결코 의도하신 적이 없는 뭔가로 바뀌어버렸다. 그리고 예루살렘은 구세주를 거부했다. 얼마나 거세게 거부했던지, 그분을 십자가에 못박았다. 그러므로 예루살렘을 향해 흘리신 예수님의 눈물은 만족과 기쁨의 눈물이 아니었다. 그것은 메시아를 거부한 것에 대한 슬픔의 눈물이었다. 다음 장에서 나는 성육신하신 하나님 예수 그리스도께서 가장 행복해하셨고, 가장 만족해하셨으며, 가장 편하게 여기셨던 곳이 베다니였음을 설명하려고 한다. 나는 이런 의미에서, "가장 마음에 드는 곳"이라는 표현을 사용하는 것이다.

다음 장부터 주인공 나사로는 이 이야기를 여섯 부분으로 나눠서 전할 것이다. 각 이야기의 뒷부분에는 "적용하기" 섹션이 있는데, 오늘날 우리의 삶에 실질적으로 적용할 수 있는 중요한 요소들을 다루었다. 각 장은 "토론하기" 섹션으로 마무리되는데, 교회와 소그룹에서 토의할 수 있는 가이드라인을 주고자 함이다.

베다니에서 있었던, 어디에도 비할 데 없는 예수님의 이야기를 읽으면서, 이곳에서 우리 주님이 하셨던 일의 심오한 의미가 당신의 삶에 닿을 수 있기를 기대한다. 그리고 이 책을 다 읽었을 때, 예수님께서 사랑하셨던 베다니의 의미를 발견하게 되기를 바란다.

◆◆◆

• 베다니는 예루살렘에서 동쪽으로 3.2 km도 채 안 되는 거리에 있던 작은 마을이었고, 감람산 남동쪽 기슭에 위치했다.

• 베다니의 반대편에는 겟세마네 동산이 있었다. 겟세마네는 "감람유 짜기olive press"라는 뜻인데, 감람산의 서쪽 기슭에 위치했다.

• 베다니에는 야자나무, 아몬드나무, 올리브나무, 석류나무, 무화

과나무가 가득했다. 이 나무들이 만든 그늘이 피곤하고 지친 여행객들에게 반가운 휴식처를 제공했다.

• 예수님은 십자가에서 돌아가시기 전 엿새 동안 낮에는 예루살렘에 가셨고, 밤에는 베다니에서 휴식을 취하며 지내셨다. 그분은 베다니에서 이 땅에서의 마지막 엿새를 지내셨는데, 이곳을 피난처와 휴식처로 삼으시고 또 이곳에서 안전과 섬김과 평안을 누리셨다.

• **베다니**의 정확한 의미는 분명치 않다. 어떤 사람들은 "가난한 자들의 집"을 뜻한다고 믿고, 어떤 사람들은 "고통받는 자들의 집"이라고 한다. 또 어떤 사람들은 "대추나무의 집"이라고 하고, 어떤 사람들은 "무화과의 집"이라고도 한다. 이 책에서 우리는 마지막의 "무화과의 집"이라는 정의를 사용하려 하는데, 그 이유는 나중에 알게 될 것이다.

• 예수님은 베다니에서도 특히 마르다, 마리아, 나사로, 이 세 사람을 사랑하셨다. 나사로와 두 누이는 우리 주님의 마음에 가장 따뜻한 감정을 불러일으킬 정도로 그분께 소중한 사람들이었다.

이에 그 누이들이 예수께 사람을 보내어 가로되 "주여, 보시옵소서 사랑하는 자나사로가 병들었나이다." 요 11:3

예수께서 본래 마르다와 그 동생과 나사로를 사랑하시더니. 요 11:5

"우리 친구 나사로가 잠들었도다..." 요 11:11

이에 유대인들이 말하되, "보라. 그를나사로 얼마나 사랑하셨는가!" 요 11:36

• 어떤 학자들은 마리아와 마르다가 예수님의 어머니 마리아 다음으로 예수님의 공생애 기간 중 가장 중요한 두 여인이었을 것이라고 추측하는데, 아마 이것이 정확할 것이다.

• 베다니 가족나사로, 마리아, 마르다, 그리고 시몬은 경제적으로 꽤 풍요로웠던 것으로 보인다. 몇 가지 특징으로 그들의 재정 상태를 짐작할 수 있는데, 우선 마르다의 집의 크기이다. 이 집은 예수님과 열두 제자 외에도 몇 명을 더 수용하였다 그리고 나사로가 묻혔던 무덤이다. 아리마대 요셉이 소유했던 무덤과 흡사했다 11:38 또 나사로의 시신을 베로

감쌌다는 사실이다. 그 당시의 수의로는 최상급의 천이었다. 더 나아가서, 마리아가 예수님의 머리와 발에 부은 향유는 최고로 비싼 명품이었다.막 14:5; 요 12:5 이 가족은 유복한 집안이었지만 부자처럼 살지는 않은 것 같다. 마르다는 사람들을 위해 음식을 만들어 섬겼는데, 집안 일을 돕는 시종이 있었다는 언급이 없기 때문이다.

• 마르다가 장녀그녀의 이름이 주로 제일 먼저 나온다, 마리아가 차녀, 나사로가 막내 동생이었던 것으로 보인다. 요한은 베다니를 "마리아의 동네"라고 불렀는데,요 11:1 마리아가 이 집안에서 가장 사랑받는 딸이었음을 보여준다. 이 가족에게는 또한 예루살렘 인근에 살았던 친구와 친척이 있었을 수도 있다.요 11:18-19

• 복음서에서 나사로는 한 번도 말 한 적이 없고, 마리아는 한 번, 마르다는 여섯 번 말하는 장면이 나온다. 아마도 이것은 그들의 성격을 반영하는 것 같다.

• 나병환자 시몬도 베다니에 살았는데,막 14:3 대부분의 학자들은 시몬이 마르다, 마리아, 나사로의 친척이었을 것이라고 믿는다. 그런데 어떤 학자들은 나사로와 오누이의 아버지가 시몬이었다는 것이 가장 합리적인 추론이라고 주장해왔다. 그들은 이렇게

지적한다. 누가복음 10장에서는 예수님이 베다니에서 방문하신 집이 마르다의 집이라고 하고, 마가복음 14장에서는 그 집을 시몬의 집이라고 한다. 만일 시몬이 마르다의 아버지라면, 그들이 같은 집에 사는 것을 볼 때 굉장히 일리가 있는 말이 된다. 이것은 또한 우리로 하여금 요한복음 12장에 언급된 잔치를 마태복음 26장과 마가복음 14장에 나오는 잔치와 쉽게 조화시킬 수 있도록 해준다. 아울러, 그것은 시몬이 왜 집안의 사적인 일들에 관여하는지의 이유를 설명해줄 수도 있다. 따라서 이 책에서는 시몬을 이 가족의 홀아버지로 추정할 것이다.

앞서 언급된 모든 사실은 다음 장에서부터 펼쳐질 이야기를 더 잘 이해하는데 도움이 될 것이다.

제1장

베
다
니
의
진
가
를 │
알
아
보
다

　내가 그분을 만난 지 벌써 30년도 더 지났다. 그분이 우리 집에 처음으로 오시던 날은 영원히 기억에 남을 것 같다. 나는 결코 그 추억을 잊지 않을 것이다.

　내 누이 마리아와 마르다가 더는 우리 곁에 없다. 예수님께서 나 병을 고쳐주신 나의 아버지 시몬도 마찬가지이다.

　주님과 가장 가까웠던 제자들 대부분그들을 알고 지냈던 것은 나에게 엄 청난 특권이었다은 그분의 이름을 위하여 목숨을 내놓았다.

　그들 가운데 여럿이 그분과의 만남을 기록으로 남겼는데, 나는 그것들을 읽어본 다음 하나님의 감동으로 쓴 말씀으로 여기게 되었다.

이 땅에서의 남은 시간이 얼마인지 모르겠기에, 나는 예수님께서 내 고향 베다니에 오셨을 때의 이야기와 그분이 이곳에 계시는 동안 영원히 변화시키신 모든 사람에 대한 이야기를 남기고자 한다.

* * *

이 땅이 생기기 전부터 살아계셨던 분은 지상에서 고작 33년을 보내셨다. 그리고 하나님은 나에게 그분의 생애 중 몇 해를 함께 할 수 있는 특별한 영광을 허락하셨다.

내가 그 당시에는 몰랐었는데, 이 갈릴리 선지자는 가는 곳마다 거부당했었다. 그리고 내가 이 사실을 알았을 때, 아이러니한 것들이 서서히 보이기 시작했다.

인간의 몸을 입으신 우주 만물의 창조주 하나님이 외면당하고, 버려지고, 그분의 발걸음이 닿은 모든 곳에서 거절당하셨던 것이다. 창조주가 그분의 피조물에게 거부당하신 것이다. 그분이 태어나셨을 때, 베들레헴은 그분에게 문을 굳게 닫았다. 그래서 그분은 가축을 기르는 곳에서 세상의 첫발을 내디디셨다.

누가는 언제나 세심한 것들을 잘 보는 눈을 가졌는데, 최근 구세

주에 관해 다음과 같이 기록했다.

> 맏아들을 낳아 강보로 싸서 구유에 뉘었으니 이는 사관에 있을 곳이 없음이러라. 눅 2:7

하지만 이것이 다가 아니다. 예수님이 두 살쯤 되셨을 때, 헤롯 왕은 사냥을 하듯 그분을 잡으려고 했다. 생각해보라. 단지 아이였던 하나님의 아들이 살아있을 가치도 없는 위험한 짐승 취급을 받으신 것이다. 마태는 이 슬픈 시련에 대해 자세히 기록했다.

> 이에 헤롯이 박사들에게 속은 줄을 알고 심히 노하여 사람을 보내어 베들레헴과 그 모든 지경 안에 있는 사내아이를 박사들에게 자세히 알아본 그 때를 표준하여 두 살부터 그 아래로 다 죽이니. 마 2:16

예수님은 공중 앞에서 사역을 시작하셨을 때, 그분의 백성인 유대인들내 백성에게 거부당하셨다. 요한은 이것을 다음과 같이 표현했다.

> 자기 땅에 오매 자기 백성이 영접하지 아니하였으나. 요 1:11

예수님은 예루살렘을 장악하고 있던 유대의 엘리트층에 의해 멸시당하고, 거부당하고, 경시당하셨다. 그들은 결국 로마 정부와 결탁하여 그분을 죽음으로 몰아넣었다. 하지만 예수님은 고통과 슬픔을 손에 쥐고서도 그분을 저버린 예루살렘성을 여전히 사랑하셨다. 마태는 그분의 기도를 다음과 같이 기술했다.

> 예루살렘아! 예루살렘아! 선지자들을 죽이고 네게 파송된 자들을 돌로 치는 자여, 암탉이 그 새끼를 날개 아래 모음 같이 내가 네 자녀를 모으려 한 일이 몇 번이냐? 그러나 너희가 원치 아니하였도다. 마 23:37

예수님께서 멸시받던 지역인 사마리아로 들어가려고 하셨을 때, 사마리아인들 또한 그분을 거부했다. 누가는 이를 두고 다음과 같이 말했다.

> 사자들을 앞서 보내시매 저희가 가서 예수를 위하여 예비하려고 사마리아인의 한 촌에 들어갔더니, 예수께서 예루살렘을 향하여 가시는 고로 저희가 받아들이지 아니하는지라. 눅 9:52-53

예수님이 자라나신 고향 나사렛조차도 그분을 거부했다. 마가는 이 장면을 그의 복음서에서 다음과 같이 기록했다.

> 이 사람이 마리아의 아들 목수가 아니냐? 야고보와 요셉과 유다
> 와 시몬의 형제가 아니냐? 그 누이들이 우리와 함께 여기 있지
> 아니하냐? 하고 예수를 배척한지라. 예수께서 저희에게 이르시
> 되 "선지자가 자기 고향과 자기 친척과 자기 집 외에서는 존경을
> 받지 않음이 없느니라" 하시며. 막 6:3-4

　여기 이 땅의 창조주, 만물을 지으신 분, 자신을 위해 만물이 존
재하도록 만드신 그분이 자신의 손에서 나온 바로 그 세상으로부
터 환영받지 못한 것이다.

　이렇게 어디를 가도 예수님을 거부하던 그때 오직 예외가 있었
는데, 나는 그것을 생각할 때마다 눈물을 감출 수가 없다.

　나와 누이들은 나사렛 예수 곧 하나님의 그리스도께서 이 땅에
계시던 짧은 기간 동안 환영받으실 곳이 한 군데는 있어야겠다는
데에 의견을 모았다.

　베다니라고 불리는 한 작은 고을.

나의 고향.

　지상에서 가장 하나님 마음에 드는 곳.

　이제 당신에게 그 이야기를 들려주겠다.

성서 본문

여우도 굴이 있고 공중의 새도 집이 있으되 인자는 머리 둘 곳이 없도다. 눅 9:58

적용하기

떨떠름한 헛똑똑이인
저 우상들을 깨부수지 말고,
주님의 아름다움을 환히 비춰서
그분의 마음이 드러나게 하라.

육체를 입으신 하나님, 우리 주 예수 그리스도는 사람으로 이 땅에 오신 이후로 끊임없이 거부당하셨다. 오직 한 곳 예외가 있었으니, 그곳이 베다니였다.

유감스럽게도 그리스도께서 승천하신 후로도 역사는 반복되고 있고, 세상 사람들 상당수는 아직도 그분을 거부한다. 더 마음이 아픈 것은 그분의 백성조차도 그들의 지식이나 의도와는 반대로 종종 그분을 거부한다.

당신이 그리스도인이라면 당신 또한 거부당할 상황에 처하게 될 것이다. 주님을 모르고 그분의 방식에 적대적인 사람들에게 거부당할 상황을 마주하게 될 것이다.

무릇 그리스도 예수 안에서 경건하게 살고자 하는 자는 핍박을 받으리라. 딤후 3:12

하지만 가장 뼈저린 거부는 당신의 동료인 그리스도 안의 형제들과 자매들에게 당한 배신일 것이다.

만일 당신이 주님을 진지하게 따르겠다고 결단한다면, 하나님의 백성인 사람들로부터 거부당할 상황에 직면할 것이다.

예수님이 거부당하신 것은 그분 자신의 삶에서 예견된 일이었다.

* * *

인간의 육신을 입고 사시는 동안 예수님은 로마인과 사마리아인에게만 거부당하신 것이 아니라, 그분의 백성인 유대인에게도 거부당하셨다. 그리고 이 유대인의 거부가 그분의 눈에서 눈물을 자아냈다. 마 23:37, 눅 19:41

사실, 바로 이 거부가 그분을 죽음으로 몰아넣었다. 막 15:10 우리 주님이 친구들의 집에서 상처를 받으신 것이다. 슥 13:6 심지어 3년 동안 그분과 동행했던 제자 중 한 명이 배신하고 그분을 죄인들의 손에 넘기기까지 했다. 막 14:41

그렇다. 친애하는 그리스도인이여, 만일 당신이 주 예수님을 전적으로 따르고 있다면 당신 역시 동료 그리스도인들로부터 거부당하는 상황에 직면할 것이다. 이것이 모든 하나님의 종이 증언해 온 것이다. 그리고 예수님도 그렇게 말씀하셨다.

종이 주인보다 더 크지 못하다. 사람들이 나를 핍박하였은즉 너희도 핍박할 터이요….요 15:20

동료 신자들에게 거부당한다는 것은 아주 고통스러운 경험이다. 하지만 그런 일이 생겼을 때 아래 네 가지를 마음에 새겨둔다면 도움이 될 것이다.

(1) 당신이 주님의 고난 안으로 들어가고 있음을 기억하라.

내가 그리스도와 그 부활의 권능과 그 고난에 참예함을 알려하여 그의 죽으심을 본받아….빌 3:10

그리스도의 고난이 우리에게 넘친 것 같이 우리의 위로도 그리스도로 말미암아 넘치는 도다.고후 1:5

하나님은 우리에게 그리스도의 고난을 함께 나누는 고통스러운 특권을 주시려고 우리의 삶 속에 거부를 허용하신다. 우리는 그런 고난을 통해 주님을 더 이해하고, 또 그분이 자신의 고통을 어떻게 느끼셨는지를 더 이해하게 된다. 동료 그리스도인들로부터 오는 거부도 이렇게 고난을 함께 나누는 것의 일부이다.

그리스도인의 삶은 예수님의 삶을 재현하는 것이다. 따라서 당신의 운명은 곧 그분의 경험이다. 우리가 그분의 신격이나 속죄를 위한 희생이 두 가지는 그분에게만 해당된다은 경험하지 못하지만, 그분의 고난, 그분의 죽음, 그분의 부활, 그리고 그분의 승천에는 분명히 참여한다. 그리스도인의 삶은 그리스도께서 겪었던 모든 일을 당신도 겪게 한다.

(2) 예수 그리스도께서 자신이 직접 경험하셨기 때문에 당신이 거부당할 때의 고통을 이해하신다는 것을 기억하라.

당신이 거부당하는 고통을 경험할 때 예수님은 당신을 긍휼히 여기신다.

> 우리에게 있는 대제사장은 우리 연약함을 긍휼히 여기지 아니하는 자가 아니요 모든 일에 우리와 한결같이 시험을 받은 자로되 죄는 없으시니라. 히 4:15

주님은 당신이 겪고 있는 것을 정확하게 알고 계시므로 당신을 위로하실 수 있다. 그분 자신이 직접 겪어보셨기 때문에 당신의 고통을 이해하신다. 따라서 우리는 친히 경험해보고 아시는 하나님 안에서 평안을 누릴 수 있다. 그리고 **긍휼의 하나님**은 그런 고통

속에 있는 우리를 위로하신다. 고후 1:3-7

(3) 거부는 당신의 삶에 깨어짐을 초래해서 당신이 더 효과적으로 섬길 수 있게 하려고 하나님께서 설계하신 것이다.

우리는 사역 훈련의 근간을 이루는 통속적인 관념이 개개인의 은사 개발에 초점을 맞춘 시대에 살고 있다. 오늘날 은사 기록표, 성격 설문조사, 그리고 강인함의 척도 테스트 등이 사역을 준비하는 사람들 사이에서 대유행이다.

하지만 이런 류의 테스트는 당신으로 하여금 **당신의** 은사에 집중하도록 만든다. **당신의** 강점과 **당신의** 타고난 능력에 집중하게 하는 것이다. 즉, **당신을** 관심의 대상이 되게 한다.

그러나 주님은 당신의 강점보다 약점에 훨씬 더 관심을 갖고 계신다. 그분은 당신을 깨뜨리는 것에 관심이 있다. 왜냐고? 당신이 가로막는 것이 적을 수록 그분이 역사하실 여지가 더 많아지기 때문이다.

나를 떠나서는 너희가 아무것도 할 수 없음이라. 요 15:5

인간의 선human goodness에 초점을 맞추어 자존감을 높이는 나 중심의 사역 문화를 받아들이는 것은 쉬운 일이다. 하지만 우리의 선이 아닌 하나님의 선이 우리의 가치를 결정짓는 기초이다.

바울은 자신의 고난과 약한 것에 관해 길게 말한 후에 다음과 같이 놀라운 얘기를 했다.

> 내게 이르시기를 내 은혜가 네게 족하도다! 이는 내 능력이 약한 데서 온전하여짐이라 하신지라. 이러므로 도리어 크게 기뻐함으로 나의 여러 약한 것들에 대하여 자랑하리니, 이는 그리스도의 능력으로 내게 머물게 하려 함이라. 그러므로 내가 그리스도를 위하여 약한 것들과, 능욕과, 궁핍과, 핍박과, 곤란을 기뻐하노니, 이는 내가 약할 그때에 곧 강함이니라. 고후 12:9-10

사역 훈련에 대한 하나님의 생각은 깨어진 그릇이다. 하나님은 영적으로 준비시키기 위해 고난을 사용하시는데, 이 고난에 거부당하는 것도 포함된다.

여기에 오늘날 대부분의 사역 훈련 지침서에 두드러지게 빠져있는 것이 있는데, 다름 아닌 사역 준비를 위한 성서적인 비결이다.

> 우리 산 자가 항상 예수를 위하여 죽음에 넘기움은 예수의 생명이 또한 우리 죽을 육체에 나타나게 하려 함이니라. 그런즉 사망은 우리 안에서 역사하고 생명은 너희 안에서 하느니라. 고후 4:11-12

비난과 거부는 하나님의 종들을 인간의 통제와 인간을 기쁘게 하려는 욕구로부터 해방시키시기 위한 그분의 도구이다.

하나님은 그분의 손 안에서 "주인의 용도에 꼭 들어맞는" 유용한 그릇이 되게 하시려고, 주권적으로 당신의 삶에 거부를 초래하실 것이다. 타고난 강점을 깨뜨리고 절뚝거리게 만들 천사와 마주할 사람은 야곱만이 아닐 것이다. 절름발이로 만드는 하나님의 손길은 여전히 자신의 은사와 재능에 의존하고 있는 사람들을 무능하게 만든다.

현대의 사역 훈련이 당신의 타고난 능력, 지도력, 독립성, 자신감 등을 개발하는데 목표를 두고 있는 반면, 하나님은 당신이 당신 자신이 아닌 그분께 의존하기를 원하신다. 왜냐고? 그래야지만 당신이 사용하는 능력이 온전히 그분에게서 나온 것이 되기 때문이다. 그리고 그렇게 함으로써 당신은 그분이 강해지기 위해서 당신이 약해져야 하는 비밀을 발견하게 될 것이다.

> 우리가 이 보배를 질그릇에 가졌으니 이는 능력의 심히 큰 것이 하나님께 있고 우리에게 있지 아니함을 알게 하려 함이라. 고후 4:7

우리가 교회사를 연구하다 보면 "모든 위대한 그리스도인은 상처받은 영혼이었다."라고 말한 A. W. 토저A. W. Tozer의 날카로운 관찰이 매우 정확하다는 사실을 발견하게 된다.

실로, 하나님은 우리를 세우기 위해 깨뜨리신다. 그리고 타고난 재능이 많을수록 더 많은 깨어짐이 요구된다. 따라서 하나님의 관점에서 보면, 살면서 상처를 입는 것은 하나님의 사랑에서 오는 특권이다.

깨어짐은 힘겨운 것이지만, 그것이 하나님을 좋게 보이게 하기 때문에 아름다운 것이다. 당신의 타고난 재능이 당신 자신에게 관심을 집중시키는 반면, 깨어짐은 당신의 주님께로 관심을 집중시킨다. 이것을 염두에 두고 볼 때, 깨어지지 않는 그릇의 손에 능력이 쥐어지면 위험하다.

헤밍웨이가 한 말이 딱 들어맞는다. "세상은 모든 사람을 깨뜨리고, 그 후에는 많은 사람이 깨어진 그 자리에서 강해진다." 그리스도인들은 하나님이 우리를 깨뜨리시는 분임을 이해하고, 또 그렇게 하시기 위해 세상을 그분의 도구로 사용하심을 이해한다.

이것이 우리를 지는 것의 주제로 연결시켜 준다. 어려서부터 우리는 모두 이기는 법을 배웠다. 어떻게 하면 우위를 차지할 수 있는지, 어떻게 하면 자신이 원하는 대로 되게 하는지를 배운 것이다. 하지만 열매 맺는 사역의 비밀은 지는 법을 터득하는 것이다.

우리가 항상 이기고 우리 마음대로 될 때, 예수 그리스도는 그분의 원대로 하실 수 없다. 따라서 하나님께서 원하시는 대로 되려면 우리의 삶을 내려놓고 지는 길을 택하여야 한다.

> 이에 예수께서 제자들에게 이르시되 누구든지 나를 따라오려거든 자기를 부인하고 자기 십자가를 지고 나를 따를 것이니라. 누구든지 제 목숨을 구원하고자 하면 잃을 것이요, 누구든지 나를 위하여 제 목숨을 잃으면 찾으리라. 마 16:24-25

예수님은 지는 것, 십자가를 지는 것, 자신을 부인하는 것, 그리고 자신의 목숨을 버리는 것에 관해 많이 말씀하셨다.[1] 이것들은 하나님 앞에서 깨어짐의 열매이다.

사역을 하는 사람들 가운데 깨어지지 않은 그리스도인을 찾기란 그리 어렵지 않다. 깨어지지 않은 사람들은 자신의 목숨을 버리고 지는 법을 알지 못한다. 그들은 오로지 이기려고 노력하는 법만을 알고 있다.

만일 그들이 비판을 받으면 보복을 가하고, 공격을 받으면 불로 돌려주고, 오해를 받으면 화를 내며 방어한다. 그들은 자신의 사역을 보호하고 평판을 유지하기 위하여 다른 사람들에게 온갖 해를 끼치는 일에 능하다.

반면에, 하나님의 손에 의해 깨어진 사람들은 다른 뺨을 돌려대는 법을 알고 있다. 그들은 오리를 가게 할 때 십 리를 가는 법을 알고 있고, 속옷을 달라 하면 겉옷까지 내주는 법을 알고 있다. 또 자신에 대해 거짓을 퍼뜨리는 사람들을 좋게 말하는 법을 알고 있고, 선으로 악을 갚는 법을 알고 있다. 그리고 그들은 지는 법을 알고 있다. 그렇게 함으로써 그들은 어린 양의 영을 드러내고 하나님께서 이기시도록 한다.

E. 스탠리 존스E. Stanley Jones는 이렇게 말했다. "그리스도 안에서 내가 찾은 하나님은 선으로 악을 이기시고, 사랑으로 미움을 이기시고, 십자가로 세상을 이기시는 신이시다."

다시 말해서, 우리는 상처와 깨어짐을 통해 그리스도의 생명이 우리를 통해서 드러나는 것을 경험하게 된다. 그리고 이것에 열매 맺는 비밀이 숨겨져 있다. 따라서 당신의 상처를 치료하려고 애쓰지 말고, 상처와 깨어짐을 통과해 정금같이 나오자.

(4) 자신을 거부한 사람들에 대한 그리스도의 반응을 기억하라.

거부당할 때 반응하는 두 가지 방법이 있다. 하나는 육신으로 반응하며 우리에게 상처를 준 사람들을 향해 억울해하고, 분노하고, 보복을 가하는 것이다. 다른 하나는 예수님께서 자신을 거부한 사람들에게 반응하셨던 방법인 성령으로 반응하는 것이다.

이를 인하여 너희가 부르심을 받았으니 그리스도도 너희를 위하여 고난을 받으사 너희에게 본을 끼쳐 그 자취를 따라오게 하려 하셨느니라. 그는 죄를 범하지 아니하시고, 그 입에 거짓도 없으시며, 욕을 당하시되 맞대어 욕하지 아니하시고, 고난을 당하시되 위협하지 아니하시고, 오직 공의로 심판하시는 이에게 부탁하시며. 벧전 2:21-23

예수 그리스도는 자신의 마음에 쓴 뿌리가 자리잡는 것을 허용치 않으셨다. 주님은 유대인들로부터 비난의 세례를 받으신 후 빌라도 앞에서 입을 열지 않으셨다. 로마인들이 그분의 손을 대못으로 박았을 때는 그들을 사하여 달라고 하나님께 기도하셨다. 그리고 그분은 죽음에서 부활하신 후 자신을 십자가에 못박은 사람들을 향해 원한을 토해내시지 않았다.

예수님은 그분을 오해한 사람들에게 복수하지 않으셨고, 그분에 관한 거짓이 퍼뜨려져서 생긴 오해를 바로 잡기 위해 스스로를 정당화시키지 않으셨다.

예수님의 죽음은 지울 수 없는 사실이지만, 죄인들의 손에 의해 당하신 부당하고 형언할 수 없는 그분의 고통은 무덤의 권세를 이기고 일어나셨을 때 그분의 입에서 흘러나오지 않았다.

전혀. 그분은 그 극심한 모든 시련에 철저하게 잠잠하셨고, 그것이 결코 일어난 적이 없던 것처럼 행동하셨다.

> 오직 한 일, 즉 뒤에 있는 것은 잊어버리고 앞에 있는 것을 잡으려고…. 빌 3:13

많은 그리스도인이 거부를 극복하지 못한다. 오해는 말할 것도 없다. 그리고 이것이 그들의 삶에 부활이 없는 이유이다.

우리는 우리의 타고난 능력 안에서는 예수님께서 고통에 반응하셨던 방식으로 반응할 수 없다. 하지만 복음의 좋은 소식은 예수님께서 그분의 기쁨을 위하여 우리에게 능력과 의지를 주시면서 우리 안에 사신다는 사실이다.[2)]

그 비밀은 내려놓음이다.

체스터턴Chesterton은 다음과 같이 정확히 말했다. "어떤 사람은 골짜기에서 큰 것을 보고, 산꼭대기에서는 그냥 작은 것만 본다."

그리스도의 학교에 속한 제자는 종종 학습보다는 고난을 통해 더 많이 배운다. 영적 성장은 당신이 십자가에서 내려다볼 때, 그리고 깨어짐이 주님께서 사용하시는 전제 조건일 때는 언제든지 속도를 낸다.

당신이 그리스도인이라면, 당신의 주님이 가셨던 발자취를 따라갈 것을 기대하라. 당신은 거부의 뜨거운 고통과 가슴 찢어질듯한 환멸을 알게 될 것이다.

그러나 당신이 어떻게 반응하는지가 당신이 깨졌는지 아니면 억울해하는지를 결정할 것이다.

만일 당신이 그런 일들을 육신의 눈으로 본다면, 마치 밑바닥에 도달하기 위해서는 올라가야 한다고 느끼면서 사팔뜨기 눈을 한 상태로 심한 우울증에 빠지게 될 것이다. 이런 것들은 원한을 일으키는 전형적인 감정이다.

언젠가 누군가 이렇게 말했다. 당신이 원한을 품는 게 아니라 원한이 당신을 품는 것이다. 원한을 품는 것은 스스로 고통을 자초하는 것이다. 결과적으로 억울해하는 것은 당신에게 상처를 준 사람들을 가두는 것이 아니라, 당신을 가두는 것이다.

다시 말해서, 우리에게는 우리에게 상처를 준 사람들을 용서할 능력이 없다. 하지만 우리는 '용서'라는 이름을 가진 분을 우리 안에 모시고 있다. 그리고 그분은 우리 및 다른 사람들을 풀어주시려고 우리를 통해서 용서하실 수 있고, 또 기꺼이 용서하기를 원하신다.

거부당하는 것의 느낌을 아시는 하나님을 당신이 모시고 있지만, 그분은 또한 베다니를 갖는 것의 소중함을 아신다. 그분을 완전히 영접하고, 높이고, 그분께 감사하는 그곳을.

이것이 우리가 살펴볼 다음 장의 주제이다.

토론하기

다음 질문들은 그룹 토의와 나눔을 위해 디자인 된 것이다.

1. 당신이 동료 그리스도인으로부터 거부당했던 경험을 나누어보라. 그것이 당신에게 어떤 느낌을 주었는가?

2. 주님이 붙잡히셨을 때, 그분은 거짓 고소, 조롱, 굴욕, 구타, 그리고 그 다음 십자가의 고초에 의한 사형을 당하셨다. 예수님께서 죽은 자들 가운데서 다시 살아나셨을 때, 그분에게 이런 짓을 한 사람들을 어떻게 대했었는지 곰곰이 생각해보고, 당신이나 나라면 어떻게 반응하고 싶었을지를 그분과 비교해보라.

3. 예수님이 이 땅에 계셨을 때 거부당하셨던 모든 순간에 관해 토론해보고, 당신이 거부당했을 때 그분이 어떻게 당신을 이해하시는지 곰곰이 생각해보라.

4. 오늘날에도 예수님이 여전히 거부당하시는 여러 경우에 대해 토론해보라.

5. 당신은 왜 오늘날 사역 훈련을 하는 사람들 가운데 깨어짐이 등한시된다고 생각하는가?

6. 주님께서 어떻게 깨어짐을 당신의 삶에 허락하셨는지 그 경험을 말해보라.

　　쓴 뿌리는 마치 독약을 마시고 다른 사람이 병들기를 기다리는 것과 같다. 그것은 다른 사람이 아닌 당신에게 상처를 준다. 만일 당신이 다른 사람들을 용서하는데 문제가 있다면, 다음의 실질적인 연습을 해보라. 이 연습이 그들을 놓아주고 용서하는데 도움을 줄 수 있다.

* 당신에게 상처를 준 모든 사람의 이름을 종이에 적어보라. 각
  각의 이름 밑에 다섯 줄 정도의 공간을 남겨놓으라.
* 모든 이름 아래에 그들이 당신에게 한 일을 써보라.
* 다 쓴 후에 그 종이를 주님을 향해 들어올리고, 그들이 당신에
  게 한 일을 용서하면서 그들을 그분의 손으로 놓아준다고 큰
  소리로 기도하라.
* 그 종이를 태우고 그것이 재가 될 때까지 지켜보면서 주님이
  해방시켜주셨음을 감사하라.
* 만일 그들이 한 일이 당신의 마음에 다시 떠오른다면, 그들은
  주님의 것이고 당신이 이미 그들을 놓아주었음을 주님께 고하
  라.

당신이 이 연습을 한 후에 그룹 토의에서 당신의 경험을 나누라.

제2장

베
다
니
에
서

놀
라
다

나의 큰 누이인 마르다는 집 안팎으로 허둥지둥 돌아다니면서, 뭔가에 집중한 채 입술을 오므리고 있었다. 그녀와 마리아는 예수님과 열두 제자를 위한 식사 준비를 위해 오후 내내 뜰에 있었다.

마르다가 뭔가 준비하는 상태일 때 우리는 모두 가시방석에 앉아 있는 것 같았다. 그녀는 만일 걸리적거린다 싶으면 우리를 문밖으로 쫓아내는 것으로 유명했다.

마르다는 준비가 완벽하기를 요구했다. 특히 선생님우리가 그분을 부르는 애칭이었다을 대접하는 특별한 기회가 주어졌을 때는 더욱 그랬다. 마리아는 언제나 그랬듯이 조용히 마르다의 지시대로 따랐다.

마르다는 살아생전 내가 아는 여인 중에서 가장 실천적인 사람이었다. 가만히 앉아 있지를 못하고, 언제나 바쁘고, 세세한 것에 예민하며, 내심 완벽주의자였다. 그녀는 행동파인 동시에 실천가였다. 또 마음에 있는 말은 무엇이든 자유롭게 쏟아내는 대담한 성격의 소유자였다. 하지만 그 누구보다도 너그러운 마음을 가졌다.

어머니가 돌아가시고 아버지는 나병에 걸리게 되자, 우리 중 제일 맏이던 마르다는 보호자의 역할을 도맡게 되었다. 어머니가 돌아가셨을 때 나는 고작 다섯 살이었기 때문에 마르다를 엄마처럼 여겼는데, 그녀는 나보다 일곱 살이 더 많았다.

마르다는 그런 책임을 어깨에 짊어지고서 끊임없는 부담감을 느꼈다. 하지만 나는 마르다가 지칠 줄 모르는 헌신과 견디기 힘든 희생으로 움츠러드는 것을 단 한 번도 본 적이 없다. 매일 밤, 그녀는 낮의 고역으로 어깨가 축 쳐졌지만 내가 잠자리에 들기 전에 이야기를 들려주는 것만큼은 잊지 않았다.

베다니 마을 사람들은 마르다의 친절을 높이 샀다. 우리 이웃이나 친구들이 아플 때 그녀는 종종 음식을 만들어주었다.

마르다에 대한 기억 중 가장 많이 남아 있는 것은 그녀의 손이다. 오랫동안 고된 일로 굳은살이 박이고 거칠어졌지만, 그녀의 손은 나의 어린 시절 내내 나를 먹이고 돌봐준 그런 손이었다. 나는 종종 그녀의 손을 지그시 쳐다보곤 하였다.

마리아는 마르다와는 뭔가 다른 틀로 만들어진 것 같았다. 그녀는 나보다 두 살이 많았는데, 사색을 즐기고, 상냥하였으며, 혼자서 시간을 보내는 유형의 사람이었다. 만약에 당신이 사람들로 가득한 방에 들어간다면, 거기서 마리아를 찾기란 여간 힘들지 않을 것이다.

우리 남매 중 누구도 결혼을 하지 않았는데, 어머니가 돌아가신 후 남겨진 아버지를 돌보기 위해 우리 모두 헌신하기로 했기 때문이다. 나는 아버지가 병을 앓기 전에 하시던 일을 이어받아 쇠붙이를 녹여 쓸모있는 물건을 만드는 세공업자가 되었고, 하나님은 내가 하는 일에 복을 내려주셨다.

* * *

나의 침실 창밖 올리브 나뭇잎 사이로 아침 햇살이 쏟아졌다. 방금 전 예수님과 그분의 제자들은 사마리아를 떠나 예루살렘으로 가는 중이었다.

아버지는 점점 심화되는 질병에도 불구하고, 아직까지는 친구를 만나기 위해 나와 함께 마을을 나설 정도는 되었다. 나는 아버지의 나병이 온 몸에 퍼지고, 고통도 더 심해졌음을 알았다.

어느 날 갑자기 우리는 한 무리의 사람들이 몰려있는 것을 보았다. 갈릴리 출신의 선지자 예수라는 사람이 병자들을 위해 기도를 해주고 있었는데, 그들 모두 다 내가 개인적으로 아는 사람들이었다.

아버지의 나병은 강제로 격리될 수준 정도는 아니었지만, 곧 그렇게 될만큼 빠르게 진행되고 있었다.

아버지와 나는 예수님과 그분의 가르침에 대해 알고 있었다. 누나들과 내가 아버지와 함께 그해 초 유월절에 예루살렘에서 그분의 말씀을 들었었기 때문이다.

우리는 그분의 말씀에 매료되었다. 예수님은 이스라엘의 그 어떤 선생과도 다르게 말씀하셨다. 예수님은 모든 랍비가 하는 것처럼 다른 랍비의 말을 인용하는 것을 한 번도 하지 않으셨다. 그 대신 비유나 은유를 사용하셨고, 전능하신 하나님께서 예수님의 말씀에 직접 영감을 주신다고 하셨다.

우리의 마음은 그분이 말씀하실 때 속에서 불타올랐다. 시간이 멈춘 듯 하였고, 그분의 얼굴에서 눈을 뗄 수가 없었다. 그분의 음성에서 나오는 노랫소리, 그분의 인격의 위엄, 그리고 그분의 말씀의 흡인력이 우리의 마음을 사로잡았다.

그분에게는 압도하는 분위기가 물씬 풍겨났다. 그분의 자신감이 만져질만큼 생생해서 나까지 더 당당해지는 기분이 들었다. 동시에 그분은 부드러우면서도 다가가기 쉬웠다. 흔치 않은 조합이었다.

아버지가 울퉁불퉁한 돌을 밟아 거의 넘어질 뻔했는데, 순간 내 팔을 붙잡아서 내가 일으켜 세웠다. 그러자 아버지의 오른팔에 감겨있던 붕대가 조금 풀렸고, 나병으로 엉망이 된 피부가 드러나 주위의 모든 사람이 보게 되었다. 나는 다른 사람들이 아버지를 쳐다보며 경멸하는 것을 느꼈다.

우리는 예수님께서 다가오시는 것을 보았다. 나는 아버지의 병이 치유되는 것 외에는 바랄 것이 없었다. 나는 소리쳤다.

"예수님, 부디 여기로 와주십시오."

아버지는 주위의 관심이 당신에게로 집중되자 부끄러움에 머리를 푹 숙였다.

그때 예수님은 우리에게로 오셔서 이렇게 물으셨다.

"내가 너희를 위하여 무엇을 하기를 원하느냐?"

나는 결코 그 순간을 잊을 수가 없다. 아버지는 망설이면서 이렇게 말했다.

"저는 나병환자입니다. 완전히 치유되기를 원합니다."

예수님은 아버지를 똑바로 바라보시며 한 손은 아버지의 이마에, 다른 한 손은 아버지의 가슴에 대시고 당당하게 말씀하셨다.

"너는 깨끗하게 되었다."

아버지는 몸을 곧게 폈고, 그의 얼굴에는 놀라움이 가득했다. 예수님께서 나에게 손짓하시며 아버지를 확인해보라고 하셨다. 나는 즉시 아버지의 팔에서 붕대를 풀었고, 나병의 흔적과 상처는 말끔히 사라졌다!

너무 놀란 나머지 말문이 막힌 나는 기어들어가는 목소리로 "감사합니다."라고 했다. 잠시 후 말을 제대로 할 수 있게 되자, 나는 예수님께 이렇게 말씀드렸다. "저희는 베다니에 살고 있습니다. 만일 가능하시다면 예수님과 제자들에게 저녁식사를 대접하고 싶습니다."

아버지는 두 손을 모아 다음과 같이 말했다. "그렇습니다. 제발 그렇게 해주신다면 정말 영광입니다. 저에게 두 딸이 있는데 선생님을 모시고 가면 아주 좋아할 것입니다."

예수님께서 "고맙구나. 제자들과 함께 열한 시오후 다섯 시에 가도록 하겠다."라고 대답하셨다.

나는 너무 신이 나서 "멋져요!"라고 환호성을 지르며 예수님께 우리 집으로 오는 길을 알려드렸다.

집으로 돌아오는 길에 아버지는 흐느끼기 시작하셨다.

"방금 전에 일어난 일을 믿을 수가 없구나. 나는 너희들을 남겨두고 떠나야 한다는 생각에 걱정이 태산 같았다. 이것이 나에게는 늘 가장 끔찍한 악몽이었단다."

나는 눈물을 참을 수가 없었다.

집에 돌아와서 마리아와 마르다에게 우리 마을에 예수님이 오셨고, 그분이 어떻게 아버지를 치유해주셨는지 말해주었다. 그들은 기쁨이 넘쳤고, 마리아의 두 뺨에는 눈물이 하염없이 흐르고 있었다.

마르다는 아버지를 머리부터 발끝까지 살펴보았다. 그의 두 눈은 하도 울어서 아직도 충혈되어 있었다. 나병의 흔적은 온데간데없었다. 피부의 괴사로 인해 하얗게 눌어붙었던 상처 조각들도 없어졌고, 노출되었던 그 밑의 감염 부위도 사라졌다. 아버지가 완전히 치유된 것이다.

나는 마르다에게 이렇게 말했다. "그런데 이게 다가 아니야. 선생님과 제자들이 오늘 밤에 우리 집으로 오실 거야. 우리가 저녁 식사에 초대했거든."

"뭐라고?" 마르다가 놀라서 뒤로 물러났다.

마리아는 "그거 신나는 일인데!"라고 말했다.

"신난다고?" 마르다가 나를 쏘아보면서 말했다. "너희들, 요리하고 청소하는 법은 알고 있겠지? 준비할 시간이 모자란다고…. 식사는 대체 몇인 분을 준비해야 하는 거야?"

마르다는 팔짱을 꼈다. 저렇게 씩씩거려도 마르다가 얼마나 다른 사람들 섬기는 것을 좋아하는지 나는 알고 있었다.

나는 "내가 뭘해야 되는지 말해줘."라고 말했다.

마르다는 "장작"이라고 외친 다음 "잔뜩 가져와!"라고 이어 말했다.

마리아는 자신이 도울 일은 없냐고 물으며 가냘픈 몸을 일으켜 세우고 마르다 옆으로 갔다.

마르다는 "물론이지."라며, 이어서 "가서 바구니 좀 가져와. 우리는 시내에 다녀와야 해."라고 했다.

마리아는 어깨까지 오는 칠흑 같은 머리카락을 빗으며 나를 향해 싱긋 웃고는 우리 둘의 대장님을 향해 이렇게 말했다. "분부대로 하겠습니다."

마르다는 열일곱 명의 식사를 어떻게 준비할 것인지에 대해 계획을 짜기 시작했다. 전에도 식사 대접을 많이 해보았지만, 이번이 아마 가장 거창한 대접일 것 같았다.

마르다는 이리저리 왔다 갔다 했다. 그녀의 짧은 다리를 휘감은 치맛자락이 소리를 냈고, 그녀는 식사 준비를 놓고 중얼거리기 시작했다.

"대추랑, 염소 치즈, 마늘, 미나리, 월계수 잎, 고수, 겨자씨, 렌틸콩이 많이 필요하겠군. 모두를 위해 무엇을 준비해야 하는지 확실히 알았어!"

마리아와 마르다는 필요한 것을 구하기 위해 예루살렘으로 황

급히 달려갔다.

*　*　*

　날은 빨리 저물었다. 온종일 뜰에서는 시끄러운 교향곡이 울려
퍼졌다. 우리 집 그림자가 집 앞으로 나있는 길과 교차하며 열십자
모양을 그려냈다. 저녁 노을이 십일 시에 오신다던 예수님의 도착
을 알려주는 듯했다.

　마르다는 반가워하며 예수님을 집안으로 따뜻하게 맞이했다.

　나중에 알게 된 사실이지만, 선생님과 제자들은 오시기 바로 전
에 사마리아에서 거부당하셨다. 예수님이 누구인지를 알아보고,
그로 말미암아 그분을 환영하는 집에 오신 것과는 너무나 뚜렷이
대비되는 상황이었다. 물론 우리가 앞으로 그분에 관해 훨씬 더 많
은 것을 알아야 했을 것이지만 말이다.

　예수님의 열두 제자를 처음 만난 순간은 굉장히 인상적이었다.
그들은 모두 젊었고, 대부분 십대 후반이었다.[3]

　마태는 현관문으로 들어오기 위해 몸을 굽혀야 했고, 요한은 말
이 별로 없었지만 마르다, 마리아, 아버지와 나를 따뜻하게 안아주
며 인사를 했다. 그는 마리아를 연상케 했다. 베드로는 나서서 각
사람의 앉을 자리를 정해주려고 했다. 마르다를 떠올리게 하는 사
람이었다. 그날 밤에, 도마는 나를 따로 불러 아버지가 완치되셨다

는 것을 마을의 의사에게 확진 받는 것이 좋겠다고 제안하였다. 그는 질문이 많은 사람이었다.

나머지 다른 제자들도 함께하면 기분이 좋은 사람들이었다. 그들은 매 순간 예수님을 연구하는 주의 깊은 관찰자들이었다.

그리고 선생님이 앉아계셨는데, 그분은 너무나 당당하면서도 따뜻하셨다. 그분에게서는 잔잔한 힘이 스며 나왔다. 하지만 그분은 또한 너무나도 온유해서 나는 그분의 한없는 사랑과 용납을 느꼈다.

예수님과 나는 처음 만났을 때 서른한 살로 동갑이었다.

마르다는 모두를 거실로 안내하였다. 베다니에 있는 우리 집은 마을에서 가장 큰 집 중의 하나여서, 남자 열다섯 명이 모두 편히 앉을 수 있었다.

아버지와 나는 제자들과 더불어 선생님의 발치에 자리를 잡았다. 예수님은 하나님 나라the kingdom of God와 기도하는 법에 대해 가르치기 시작하셨다.

마리아가 내 눈길을 끌었다. 뜰에서 서성거리다가, 방을 슬쩍 엿보면서 그릇에 담긴 무언가를 휘젓고 있었다. 그러다가 갑자기 마리아는 뜰에서 방으로 들어오더니 다른 사람들처럼 예수님의 발치에 앉았다.

나는 입이 쩍 벌어졌다. 마리아가 마음 가는 대로 행동하는 사람이라는 것을 알고는 있었지만, 남자들과 같은 자리에 앉을 정도로 담대하리라고는 상상해본 적이 없었다. 나는 제자들의 표정을 죽 훑어 보았는데 아무도 눈 하나 꿈쩍도 하지 않았다.

아버지와 나는 놀라움에 조용히 서로를 쳐다보았다. 다른 모든 선생이라면 마리아가 오직 남자만 허락된 거실에 제자들처럼 앉은 것만으로도 그녀를 심하게 꾸짖었을 것이다.

하지만 마리아는 본능적인 영혼을 가진 사람이었다. 아무튼 그녀는 그것이 논란을 일으킨다 할지라도, 그녀가 다른 사람들처럼 그분의 발치에 앉는 것을 예수님은 허락하실 것이라고 생각했다. 예수님은 하던 말씀을 중단하시고 마리아를 보시며 싱긋 미소를 지으시고는 가르침을 이어가셨다.

마리아는 경건하면서도 완전히 몰입된 상태로 말씀을 경청하면서 우리와 함께 예수님의 발치에 앉아있었다. 그녀는 주의를 기울였고 점점 적응해나갔다. 그분의 말씀을 들으면서 그녀의 심장박동수도 나처럼 급상승했을까? 우리는 둘 다 예수님께 더 가까이 다가갈 용기를 얻으면서, 그분의 모든 말씀과 제스처에 빨려들어갔다.

그때 뜰에서 냄비 두들기는 소리가 들려왔다. 그 소리가 점점 더 커졌을 때, 나는 마르다가 화났다는 것을 직감했다. 아니나 다를까, 내 짐작대로 마르다는 팔짱을 낀 채 방으로 쳐들어왔다. 그녀의 목소리는 지붕의 들보가 울릴 정도로 격앙되어있었다.

"주여, 내 동생이 나 혼자 일하게 두는 것을 생각하지 아니하시나이까? 그를 명하사 나를 도와 주라 하소서."

나는 움찔했다. 어색한 침묵이 거실에 가득 찼다. 경건한 예배의 자세와 숨죽이는 경이로움으로 예수님께 귀를 기울이던 마리아는 고개를 푹 떨궜다. 그녀는 아무 말이 없었고, 제자들은 얼어붙었다.

나는 마리아에게 마음이 쓰였고, 그녀가 안쓰러웠다. 마르다의 말이 비수가 되어 마리아의 심장을 찔렀을 것이다. 그래서 예수님을 경솔하다고 비난하며 그 일에 예수님을 끌어들인 마르다가 나는 몹시 부끄러웠다. 이에 불현듯 화가 치밀어올랐다.

예수님은 돌아서서 마르다를 향해 부드럽지만 준엄하게 말씀하셨다.

"마르다야, 마르다야. 네가 많은 일로 염려하고 근심하나, 몇 가지만 하든지 혹은 한 가지만이라도 족하니라. 마리아는 이 좋은 편을 택하였으니 빼앗기지 아니하리라."

마리아는 남자들만 있는 공간에 들어와 앉는 것으로써 벽을 허물어버렸다. 그리고 무엇보다도, 그녀는 제자들처럼 앉아있었다. 그전에도 그 후에도 스승들은 누구나 오로지 남자만 제자로 삼았다. 예수님만이 흔치 않은 이례적인 케이스였다. 그분은 여자도 기꺼이 그분의 제자로 삼으셨다.

나에게는 선생님께서 마리아의 손을 들어주신 것이 무척 인상적이었다. 동시에, 마르다의 이름을 두 번씩이나 불러주심으로 그녀의 마음을 누그러뜨리시는 그분의 자상함에 감명을 받았다.

마르다의 얼굴은 안정되어 보였다. 그녀는 잔뜩 힘주었던 턱을 내리고, 끼고 있던 팔짱을 풀고는 뜰을 향해 천천히 발걸음을 옮겼다.

마르다에겐 창피한 기색이 역력했다. 선생님의 말씀은 며칠 동안 상처로 남았다. 특히 마르다는 예수님이 마리아를 칭찬하신 것을 받아들이기가 쉽지 않았을 것이다. 하지만 결국 그녀는 그분이 말씀하신 것을 이해하기 시작했고, 이전과는 아주 달라졌다. 이후로 그녀는 덜 산만하고, 덜 염려하며, 덜 따지고 드는 사람이 되었다.

* * *

예수님이 말씀을 마치셨을 때, 마르다는 식사가 준비되었다는 신호를 보내왔다. 그때 예수님은 방금 전처럼 놀랄만한 행동을 하셨다. 여자와 남자 모두 거실에서 함께 식사하자고 하신 것이다.

마리아와 마르다는 망설였다. 둘은 놀란 눈으로 서로를 쳐다보았다. 예수님의 제자들에겐 당황하는 기색이 없었다. 그들은 전에도 그분이 관습을 깨시는 것을 본 적이 있기 때문이다. 그래서 마리아와 마르다를 포함한 우리 모두는 함께 앉아 식사를 했다.

누이들은 그날 너무나도 멋진 식사를 준비했다. 빵, 생선, 염소 치즈, 올리브, 달걀, 말린 무화과 등이 수북한 접시들과 염소 젖과 포도주가 담긴 주전자들, 렌틸콩 스튜가 담긴 대접들로 식탁은 가득 찼다.

나는 선생님께서 마르다에게 하신 말씀을 결코 잊지 못할 것이다.

"한 가지만이라도 족하니라. 마리아는 이 좋은 편을 택하였으니 **빼앗기지 아니하리라.**"

저녁 내내 이 말씀이 내 머릿속을 휘저어놓았다.

그날 늦은 밤, 나는 예수님께 이 말씀에 대해 더 자세히 여쭈어보았다. 그리고 나의 기억에 그분은 다음과 같이 대답하셨다.

"내 말을 듣는 것이 섬기는 것보다 더 중요하고, 나를 따르는 것이 일하는 것보다 더 중요하단다. 마르다는 내 육체의 필요에 도움이 되었지만, 마리아는 내가 가장 중요시하는 것에 도움이 되었다. 그것은 바로 내 제자가 되는 것이다."

예수님은 이어서 이렇게 말씀하셨다.

"마리아는 너희 집에 나를 초대하기 훨씬 전에 그녀의 마음으로 나를 받아들였다. 그녀는 모든 것을 제쳐두고 내 말에 귀를 기울였다. 그리고 이것을 유일한 과제로 삼았다."

"마르다는 섬기는 자의 마음을 가졌다. 하지만 나를 섬기는 일은 전부 다 나와의 교제에서 흘러나와야 한다. 마르다는 썩어 없어질 빵에 열중하였고, 마리아는 하늘에서 내리는 빵, 곧 결코 썩어 없어지지 않을 빵을 공급받았다."

"순종하는 것이 제사보다 낫다. 제자의 최우선 과제는 나에게 배우는 것이다. 염려하지 말라, 나사로여. 마르다도 이것을 알게 될 날이 올 것이니까."

그 순간 나는 예수님이 단순한 선생이 아니라는 생각이 들었다. 그는 선지자였고, 하나님의 말씀을 가진 존재였다.

마르다의 환대는 중요했지만, 그것은 일시적인 것에 초점이 맞춰져 있었다. 반면, 마리아의 환대는 선지자를 맞이하는 가장 최고의 방법이 그가 전하는 말씀을 받아들이는 것이기 때문에 더 중요했다. 그리고 이것이 바로 마리아가 한 것이었다.

그날 이후로 우리는 모두 예수님이 선생이나 선지자 그 이상이라는 사실을 알게 되었다. 그는 하나님께서 보내신 메시아였다.

선생님과 제자들은 그날 밤 우리와 함께 묵었다. 예수님은 다른 사람들이 잠든 후에도 몇 시간이나 더 나와 이야기를 나누셨다. 나는 낯을 가리고, 나서는 것을 좋아하지 않는 사람이다. 말도 별로 없다. 하지만 나는 선생님과 함께함으로 마음이 편안해져서 그분께 마음속에 떠오르는 것은 무엇이든 안심하고 물어볼 수 있었다.

어떤 이유인지는 모르겠지만, 예수님은 나를 마음에 들어하셨다. 영광스럽기도 하고 동시에 놀랍기도 했다. 나에게 남자 형제가 있어본 적은 없지만, 그분은 마치 형제처럼 가깝게 느껴졌다. 나는 나중에 예수님이 진짜 나의 형이고… 또한 친형제보다 훨씬 더 가까운 친구라는 것을 깨닫게 되었다. 잠언에 이런 말이 있다.

> 많은 친구를 얻는 자는 해를 당하게 되거니와 어떤 친구는 형제보다 친밀하니라. 잠 18:24

여기까지가 예수님이 처음 우리 집에 오셨을 때 있었던 일이다. 그날 이후에도 우리는 그분과 함께 지내며 그분의 잔잔한 위엄에서 나오는 은혜를 경험하는 날이 많았고, 또한 그분의 입에서 흘러나오는 강력하고 신비로운 말씀을 듣는 일이 많았다.

여리고에서 예루살렘으로 가는 흙먼지로 뒤덮힌 길을 오르시고 그 예루살렘의 성문에서 나서시는 날이 잦은 만큼 예수님은 오가는 길에 베다니의 우리집을 방문하셨다.

사실, 예수님은 그 거룩한 성에서 밤을 보내신 적이 한 번도 없었고, 우리 집에서만 묵으셨다. 우리 집은 그분과 제자들에게 언제나 열려있었다. 그분은 그냥 우리의 선생님, 우리 주님, 그리고 우리의 구원자였을 뿐만 아니라, 아주 친밀하고 사랑하는 **우리의** 친구였다.

그분의 방문이 우리 집에 주는 즐거움은 언제나 그의 마음을 기쁘게 하는 듯했다. 우리는 그분을 향한 말로 형용할 수 없는 사랑으로 가득 찼다. 그리고 그분이 우리를 훨씬 더 사랑하신다는 것을 알게 되었다. 이것은 내가 병든 이후로 우리 모두에게 분명해졌다….

성서 본문

저희가 길 갈 때에 예수께서 한 촌에 들어가시매 마르다라 이름하는 한 여자가 자기 집으로 영접하더라. 그에게 마리아라 하는 동생이 있어 주의 발치에 앉아 그의 말씀을 듣더니, 마르다는 준비하는 일이 많아 마음이 분주한지라. 예수께 나아가 가로되, "주여, 내 동생이 나 혼자 일하게 두는 것을 생각지 아니하시나이까? 저를 명하사 나를 도와주라 하소서." 주께서 대답하여 가라사대, "마르다야, 마르다야. 네가 많은 일로 염려하고 근심하나, 그러나 몇 가지만 하든지 혹 한 가지만이라도 족하니라. 마리아는 이 좋은 편을 택하였으니 빼앗기지 아니하리라." 하시니라. 눅 10:38-42

적용하기

그대는 그분을 들었는가, 보았는가, 알았는가?
그대의 심장이 그분에게 사로잡히지 않았는가?
그분을 만 가지 중 으뜸으로 삼아
기쁨으로 좋은 편을 택하라.

예수님 당시의 베다니 고을과 거룩한 성 예루살렘 사이에 있었던 두드러진 차이를 숙고해보라.

그것은 마치 동네 편의점과 초대형 몰을 비교하는 것과 매한가지이다.

베다니의 인구는 400명을 넘지 않았을 것이다. 3킬로미터 떨어진 거리에 있던 예루살렘의 인구는 5만에서 6만을 헤아렸다. 유대교의 절기 때 그 도시의 인파는 수십만 명까지 치솟았다.

당신의 머릿속에서 두 지역을 비교해보라. **예루살렘**, 곧 다윗의 거룩한 성은 들뜬 군중으로 가득 메워졌고, 이스라엘의 제사의 중심으로 자리잡았고, 화려한 가운을 입은 제사장들로 특징지어졌던 곳이다. 그곳은 숨 가쁘게 달리고, 활발하게 움직이고, 들떠있고, 불안정하고, 정신없이 바쁜 도시였다. 예루살렘은 또한 찬란한 금으로 치장한 거대한 성전을 자랑했다.

성전 바깥 벽의 그늘 아래 있다고 할 만한, 걸어서 갈 수 있던 거리에 하찮은 마을이 하나가 있었으니 그곳이 바로 베다니였다. 외지고, 알려지지 않고, 수수한 동네였다.

베다니라는 자그마한 촌락.

이것이 하나님께서 양보다는 질에 더 관심을 갖고 계시다고 외치는 실례이다. 그것은 하나님이 잠깐의 번쩍임보다 실재reality에 더 관심을 갖고 계신다고 소리친다. 그리고 그것은 그분이 인상적인 외향보다 진실한 마음에 더 관심을 갖고 계신다고 일갈한다.

하나님의 아들이신 나사렛 예수는 세상으로부터 매몰차게 거부당하셨다. 하지만 베다니는 그분을 기꺼이 환대했다.

> 그들이 길 갈 때에 예수께서 한 마을에 들어가시매 마르다라 이름하는 한 여자가 자기 집으로 영접하더라. 눅 10:38

마르다로 말미암아 하나님께 감사하게 된다. 그녀가 주 예수님을 자기 집으로 영접해서 그분을 가족으로 환대했기 때문이다.

이것에서 중요한 질문이 하나 생긴다. "우리 시대에 주 예수님을 제대로 영접한다는 것의 의미는 무엇일까?"

그리스도를 제대로 영접하는 법

지구상의 모든 그리스도인은 예수님을 영접한다고 주장한다. 하지만 그분을 **제대로** 영접한다는 의미는 무엇인가?

나는 주 예수님을 제대로 영접하는 것과 관련해서 세 가지 열쇠가 있다고 생각한다. 이 세 가지 모두 오늘날 종종 간과되고 있다.

(1) 그리스도를 영접하는 것은 그분의 모든 것을 받아들이는 것이다.

어떤 그리스도인들은 예수님을 의롭게 하시는 분으로는 영접하지만, 의를 주시는 분으로는 거부한다. 이와는 대조적으로, 어떤 사람들은 세상에 정의를 가져오는 것이 그분의 역할이라고 강조하지만, 죄인들을 의롭게 하시는 그분의 역할은 대단치 않게 여긴다. 하지만 예수 그리스도는 의롭게 하시는 분이요 또 의를 주시는 분이시다.

어떤 사람들은 그리스도인 공동체를 세우고 영적으로 더 성숙케 하는 그리스도의 사역을 원하지만, 잃어버린 사람들을 향한 그분의 사역은 거부한다. 또 어떤 사람들은 이 순서를 뒤바꾼다. 그들의 생각엔 공동체는 선택이고 복음 전도는 필수이다.

이렇게 부분적으로 그리스도를 영접하는 것은 우리 식으로 그분을 영접하는 것이다. 그것은 예수님의 진면목을 그대로 받아들이는 대신 우리 식으로 그분의 이미지를 만들어내는 것이다.

예수 그리스도를 제대로 영접한다는 것은 그분의 **모든 것**을 받아들이는 것이다. 그분은 온전한 인격이시므로, 우리가 그분의 한 부분만 취하고 다른 부분을 거부할 수는 없다. E. 스탠리 존스가 언젠가 말했듯이, "축소된 그리스도는 거부된 그리스도와 매한가지이다."

베다니는 예수 그리스도, 즉 그리스도 전부가 환영받고 받아들여졌던 그리고 환영받고 있고 받아들여지고 있는 곳이다.

(2) 그리스도를 영접하는 것은 그분에게 속한 지체 모두를 받아들이는 것이다.

예수님은 제자들에게 "너희를 영접하는 자는 나를 영접하는 것이요."마 10:40라고 말씀하셨고, 바울은 "그러므로 그리스도께서 우리를 받아 하나님께 영광을 돌리심과 같이 너희도 서로 받으라."롬 15:7라고 말했다.

그리스도께서 영접하신 사람을 영접한다는 것은 그리스도 자신을 영접하는 것이다. 그리고 그리스도께서 영접하신 사람을 거부하는 것은 그리스도 자신을 거부하는 것이다.

이것은 어떤 그리스도인이나 교회가 그 공동체의 어떤 지체들은 받아주면서 다른 지체들은 거부하는 것이 그리스도 자신을 거부한다는 의미이다.

바울은 고린도 전서에서 이것에 대해 비교적 자세히 말했다.

> 눈이 손더러 내가 너를 쓸 데가 없다 하거나 또한 머리가 발더러 내가 너를 쓸 데가 없다 하지 못하리라. 그뿐 아니라 더 약하게 보이는 몸의 지체가 도리어 요긴하고, 우리가 몸의 덜 귀히 여기는 그것들을 더욱 귀한 것들로 입혀주며, 우리의 아름답지 못한 지체는 더욱 아름다운 것을 얻느니라. 고전 12:21-23

베다니에서는 그리스도를 영접한 모든 사람이 교제로 받아들여졌다. 그들은 모두 다 환영받았다.

그렇게 하지 않는 것은 다음과 같이 말하는 것이다. "주님, 우리는 주님의 손과 팔은 받아들이지만, 주님의 발과 다리는 원치 않습니다."

이런 식의 배타성은 예수 그리스도를 조각내는 것과 마찬가지이다. 고전 1:12-13 나병으로 썩어서 떨어져 나가는 팔다리를 생각하면 그 병의 치유가 얼마나 강력한 상직적 의미를 갖는지 깨닫게 된다.

오해는 하지 말라. 우리가 사람들의 죄를 받아들이거나 그들이 악을 행하는 것을 권장해야 한다는 말이 아니다. 사람들의 죄는 거부하되 그들은 받아들여야 함을 말하는 것이다. 그리스도 안에 있는 모든 사람, 즉 그리스도께서 받아주신 모든 사람을 받아들이는 것을 말한다.

예수님은 그분께 속한 모든 사람을 받아주셨고, 그분을 찾는 모든 사람을 환영하셨다. 이것이 사실이다.

우리 주님이 이 땅에 계셨을 때, 경건하다는 사람들이 기피하는 각양각색의 소외된 사람들을 기꺼이 받아주신 사실을 상기하라. 창기, 세리, 나병환자, 이방인, 사마리아인 등이 그들이다. 당시에는 함께 먹는 것이 친교, 단합, 교제를 의미했는데, 예수님은 독선적인 바리새인들 뿐만 아니라 죄인들도 그분의 식탁으로 환영하셨다.

배타성과 편협함은 베다니의 정신에 위배되고, 주님이 온전하게 받아들여지지 않았다는 사실을 드러낸다.

요약하자면 주님은 그분을 완전히 영접하고 온전히 받아들이는 사람들을 찾으신다. 그리스도 더하기 다른 무엇이 아니고, 그리스도 빼기 그분의 일부도 아니다. **그분은 그리스도를 전부로 받아들이는 사람들을 찾고 계신다.**골 3:11

분파주의와 엘리트주의라는 질병은 그 병에 걸린 사람들의 증상이 나타나지 않는 종교적 전염병이다. 따라서 이 점에 관해서 다른 사람들의 증언을 유념하기 바란다.

실수하지 말라. 예수 그리스도는 분파주의자나 엘리트주의자인 그리스도인이나 교회 안에서는 마음이 편치 않으시다. 그리고 이런 사람들의 뿌리는 다른 모든 죄를 능가하는 자기 의이다.

(3) 그리스도를 영접하는 것은 그분께 최고의 자리를 내어드리는 것이다.

> 만물이 그에게서 창조되되 하늘과 땅에서 보이는 것들과 보이지 않는 것들과 혹은 왕권들이나 주권들이나 통치자들이나 권세들이나 만물이 다 그로 말미암고, 그를 위하여 창조되었고… 이는 친히 만물의 으뜸이 되려 하심이요. 골 1:16, 18

나는 그리스도인이 된 이후로 미국 연방 정부가 산하의 여러 부서를 다루듯이 그들의 삶을 다루는 신자를 너무나도 많이 만났다. 미국 연방 정부에는 교육부, 국토 안보부, 농무부, 국방부 등이 있다. 마찬가지로 나는 그들의 삶을 가족부, 직장부, 취미부, 오락부, 종교부 등으로 구분하는 그리스도인을 많이 알고 있다. 그들에게는 예수님이 종교부의 장관이다. 그리고 이 부서는 그들의 삶에서 다른 부서들과는 분리되어 있다.

그들의 삶에서 "종교적인" 부분은 일요일에 하는 것을 의미한다. 하지만 그들의 삶에 있어 나머지 부분은, 그들이 읽는 대부분의 책들을 포함해서예를 들자면, 예수님과 상관이 없다. 그들은 다른 곳에서 신나고 흥미로운 일들을 찾는다. 많은 사람에게 있어 삶의 목표는 돈을 버는 것, 자녀를 대학에 보내는 것, 그리고 그들의 자녀나 손주들과 즐기는 것이다.

그러나 신약성서는 완전히 다른 그림을 우리에게 제시한다. 예수님은 모든 것의 주님이시고, 모든 것 위의 주님이시다. 이것은 우리의 삶 전체를 포함한다. 그리고 예수님을 따르는 헌신된 사람들에게 있어 그분과 그분과 관련된 일들은 삶의 묘미가 된다.

돈을 잘 버는 것, 자녀를 대학에 보내는 것, 그리고 손주들을 보는 것 등이 그 자체로서는 좋은 것이라 해도 하나님 나라의 특징은 아니다. 인생에는 생존, 자손을 보는 것, 죽음 그 이상의 것이 있다. 우리는 그리스도인으로서 우리 자신을 넘어선 무언가를 성취하는 영광스러운 운명을 갖고 있다.

하나님 아버지는 예수님께 가장 높은 자리를 주셨다. 모든 것 위에 **완전한 주권**을 주신 것이다. 따라서 예수님의 주인 되심은 우리 삶의 모든 영역을 주관해야 한다. 우리가 읽는 것, 듣는 것, 말하는 것, 보는 것을 포함한 글자 그대로 모든 것을 말한다. 그분의 주인 되심은 또한 매일 우리의 결정을 주관하는 가치들을 제공해야 한다.

바울은 에베소서에서 이렇게 기도했다.

> 그의 영광의 풍성함을 따라 그의 성령으로 말미암아 너희 속사
> 람을 능력으로 강건하게 하시오며, 믿음으로 말미암아 그리스도
> 께서 너희 맘에 계시게 하옵시고, 너희가 사랑 가운데서 뿌리가
> 박히고 터가 굳어져서···.엡 3:16-17

이 본문에서 "계시게"라고 번역된 헬라어는 단순히 산다거나 주
거한다는 뜻이 아니고, 집을 짓고 거기에 정착한다는 의미이다.

예수님은 성령으로 모든 신자 안에 거하시지만, 우리 인생 안에
그분의 집을 짓고 정착하시기를 원하신다. 말하자면 그분은 베다
니를 원하신다. 그리고 이것은 우리가 우리 인생의 최고 자리를 그
분께 내어드릴 것을 요구한다.

좋은 편을 택하다

어떤 성서 주석가들은 마르다를 비난하고, 어떤 주석가들은 마
리아를 비난한다. 마리아는 종종 "너무 하늘 지향적이어서 땅의

것엔 무심하다"는 식으로 묘사된다. 그녀는 언니에게 과도한 일을 떠맡기고 이기적으로 예수님의 말씀에만 심취한다고 한다. 마리아는 양식이 떨어져 굶주린 이웃의 도움 요청을 못 본 척하면서, 거실에서 손을 올리고 하나님을 예배하는 여자라고 한다.

마르다는 종종 집안 살림의 여왕으로 묘사된다. 집안일을 소재로 대중의 스타가 된 마타 스튜어트Martha Stewart, 역자 주: 마타 스튜어트는 미국에서 널리 알려진 작가요 방송인이다. 집안일의 이모저모로 책을 쓰고 방송을 타서 크게 히트했고, 비즈니스로도 성공을 해서 많은 사람이 흠모하는 대상이다. 저자가 신약성서의 마르다/Martha와 이름이 같기 때문에 그녀를 예로 든 것이다의 1세기 버전에 해당한다고 볼 수 있다. 마르다는 거나한 식사로 예수님께 깊은 인상을 심어주려 했지만, 그분의 말씀을 듣는 것엔 주의를 기울이지 않은 여자로 여겨진다. 그녀는 너무 땅 지향적이어서 하늘의 것엔 무관심한 여자로 간주된다. 주일학교에서 묘사된 두 사람에 관한 이런 인물평은 아주 잘못되었고, 따라서 폐기되어야 한다.

사실을 말하자면, 마리아는 마르다를 도와 식사 준비를 했고, "부엌일"을 회피하지 않았다. 처음 마르다가 불평한 말이 이를 증명한다. 마르다는 마리아가 "나 혼자… 두는 것또는 나를 남겨두고, left me"눅 10:40이라고 말했다. 당신은 이미 당신과 함께 있지 않던 사람을 남겨둘 수 없다.

마리아는 본분을 지키려는 그녀의 언니가 예수님을 영접했던 것보다 더 높은 수준으로 그분을 영접했다. 예수님은 단순한 집안일을 하는 사람을 찾으시지 않는다. 그분의 말씀을 듣는 것이 그분의 육체적 필요를 채우는 것보다 더 그분을 높이는 것이다.

헬라어 본문은 우리에게 마리아가 "그분의 말씀을 계속 듣고 있었다."라고 말해준다. 예수님은 그렇게 듣는 사람의 마음 속으로 그분의 마음에 있는 것을 쏟아붓고 싶어 하신다. 그분은 그분이 말씀하시는 것을 열망하며, 받아들이고, 이해하는 사람들을 찾고 계신다.

마리아는 그렇게 열려있는 그릇이었다. 오직 말씀을 듣는 제자가 되는 것만이 제대로 손님을 맞는 주인이 될 수 있다. 하지만 이게 다가 아니고 뭔가 더 있다.

* * *

예수님 당시에는 집이 남자의 공간과 여자의 공간으로 나뉘어 있었다. 부엌일반적으로 뜰에 있었다은 여자들에게 속한 영역이었고, 거실은 남자들에게 속했다. 여자가 남자들과 함께 거실에 있는 것은 문화적으로 볼 때 불편하고 불쾌한 일이었다. 오직 두 곳에서만 남자들과 여자들이 함께 지낼 수 있었는데, 그곳은 부부의 침실과 집 밖에 있는 아이들의 놀이터였다.

마리아는 보이지 않는 선을 넘었다. 그녀는 거실 안으로 들어감으로써 사회적 경계선 두 개를 침범했다. 첫째는 그녀가 남자들의 공간에 앉았다는 것이고, 둘째는 제자의 자세로 앉아있었다는 사실이다.

1세기의 제자는 강의를 듣고, 노트 필기하고, 그것을 공부하는 오늘날의 학생처럼 학문적으로 무엇을 배우는 사람이 아니었다. 제자는 도제an apprentice, 즉 현장에서 삶의 방식을 배우는 사람이었다. 크리스천 제자도의 첫 번째 교훈은 주 예수님의 발치에 앉아 그분에게서 배우는 것이다.

따라서 마리아가 거실에서 예수님의 발치에 앉았을 때, 그것은 제법 물의를 일으키는 사건이었다. 그녀가 제자의 자세를 취했기 때문이다.[4] 당대의 모든 유대인 랍비는 오직 남자만을 제자로 삼았지만, 예수님은 보기 드문 예외였다. 그분은 여자들도 제자로 받아들이셨다. 여자들을 자격을 제대로 갖춘 제자에 포함시켰다는 사실은 예수님의 사역의 급진적 특성을 말해주는 증거이다.

우리가 아는 한, 예수님은 또한 제자들의 순회 사역에 여자들혈육이 아닌을 포함시킨 최초의 유대인 선생이었다.[5] 그리고 유대인 여자들이 집을 떠나 선생과 함께 여행하는 것은 물의를 빚는 일이었다.

마르다가 비난하면서 한 말은 사실상 다음과 같은 의미이다. "뜰에서 나를 도와야 할 여자인 내 동생이 거실에서 남자처럼 행동하고 있습니다!"우리가 동생을 향해 불평을 쏟아낸 마르다를 인간적으로는 이해할 수 있지만, 그 행동은 부당하고 불친절한 것이었다.

마리아의 입에서 자신을 방어하는 단 한마디의 말도 나오지 않은 것이 나에게는 참으로 인상적이다. 그 대신 예수님은 그분에게 배울 자격이 그녀에게 있음을 확인시키시면서 그녀를 옹호해주셨다.

마르다는 자기 생각대로 주님을 섬기려고 하면서 산만해지고 빗나가버렸다. 누가복음 10장 40절에 "염려하고distracted"로 번역된 헬라어 단어는 걱정에 사로잡히다, 다른 방향으로 이끌리다, 또는 정신적으로 내몰리다의 뜻을 갖고 있다. 우리가 우리 자신의 생각과 힘으로 주님을 섬기려할 때는 언제든지 **마르다처럼** 걸핏하면 화를 내고 신경이 곤두선 모습을 드러내게 된다.

* * *

격앙되고 짜증이 난 마르다는 예수님이 이 일에 개의치 않는다고 그분을 나무라면서 비난의 화살을 그분에게로 돌렸다. 마르다를 향한 예수님의 책망은 부드러웠다. 이것은 그분이 그녀의 이름을 두 번 부르신 사실에 잘 나타나 있다. 누구의 이름을 두 번 부른다는 것은 관심, 다정함, 그리고 진지함을 드러낸다. 성서에 있는 다른 예가 이것을 분명하게 해준다. "시몬아, 시몬아",눅 22:31 "사울아, 사울아",행 9:4 "예루살렘아, 예루살렘아",마 23:37 "나의 하나님, 나의 하나님."마 27:46

예수님께서 마르다의 섬김 자체의 가치를 결코 폄하하시거나 하찮게 여기시지 않았음을 주목하라. 예수님은 마르다를 사랑하셨고, 우리는 그분을 집으로 영접했던 그녀를 칭찬해야 한다. 실수하나가 그녀의 숭고한 성품을 지우는 일은 없어야 한다.

주님은 단순히 예민한 문제를 지적하신 것뿐이다. 마르다의 섬김은 방향 전환을 요구했다. 마르다는 조바심을 내고 안달복달하며 "잘 섬겨야 한다"는 것에만 사로잡혀서 "많은 일"에 시달렸다. 예수님은 사실상 이렇게 말씀하신 것이다. "너는 불필요한 소란으로 네 자신을 몰아가고 있다."

> 마르다야, 마르다야, 네가 많은 일로 염려하고 근심하나 몇 가지만 하든지 혹은 한 가지만이라도 족하니라.눅 10:41-42

마르다의 섬김은 좋은 의도이긴 했지만, 잘못된 판단이었고 방향도 틀렸다. 따라서 예수님은 필요한 일을 "많은 일"과 "한 가지"로 대비시키셨다. 그 "한 가지"가 바로 그리스도 자신이다. 그리고 더 좋은 편은 그분의 제자가 되는 것이다.

나는 『예수 선언Jesus Manifesto 』에서 이 생각을 다음과 같이 자세히 풀었다. 나는 다음과 같은 분명한 메시지를 제안한다. 모든 그리스도인은 우리로 하여금 예수 그리스도에게 집중하지 못하게 하는 헤아릴 수 없이 많은 종교적 토끼 발자국rabbit trails [역자 주: 주제를 벗어나서 영양가 없는 말을 늘어놓는 것을 뜻함] 대신, 예수 그리스도를 중심에 놓아야 한다.

내가 세상의 필요에 만족하거나 또는 무감각하라고 제안하는 것이 아니다. 핵심은 우리의 최우선 과제가 예수 그리스도를 알고 그분에 의해 사는 법을 배우는 것에 있다.

달리 말하자면, 주님을 향한 우리의 섬김은 주님의 분명한 지시에서 출발해야 한다. 그분은 때때로 우리 마음에 사람들을 떠오르게 하셔서 그들을 위해 기도하라는 부담을 주신다. 또 그들에게 말을 해주거나, 어떻게 해서든 그들을 섬기라는 부담을 주신다. 그럴 때 우리는 우리 자신을 신뢰하지 않고 철저하게 그분의 힘과 능력을 의지해서 행동에 옮겨야 한다.

따라서 우리는 예수님의 발치에 앉아있으면서 외적으로도 하나님을 열심히 섬기는 게 가능하다. 여기서 주의할 점은 우리가 가진 모든 것으로 열심히 주님을 섬기면서도 그분의 제자가 되는 데는 실패할 수 있다는 사실이다. 제자가 되는 것은 주님의 인도를 따르고 그분이 우리에게 말씀하시는 것을 행하는 것이다.

주님은 "한 가지만이라도 족하니라. 마리아는 이 좋은 편을 택하였으니 빼앗기지 아니하리라."라고 말씀하셨다.

마리아의 관심은 "한 가지"에 고정되어 있었다. 시편 기자와 바울이 둘 다 그것에 관해 언급했다.

> 내가 여호와께 바라는 한 가지 일 그것을 구하리니, 곧 내가 내 평생에 여호와의 집에 살면서 여호와의 아름다움을 바라보며 그의 성전에서 사모하는 것이라. 시 27:4

> 형제들아 나는 아직 내가 잡은 줄로 여기지 아니하고, 오직 한 일 즉 뒤에 있는 것은 잊어버리고 앞에 있는 것을 잡으려고, 푯대를 향하여 그리스도 예수 안에서 하나님이 위에서 부르신 부름의 상을 위하여 달려가노라. 빌 3:13-14

바울은 "한 가지"를 얻기 위해 "모든 것"을 잃어버렸다.

> 또한 모든 것을 해로 여김은 내 주 그리스도 예수를 아는 지식이 가장 고상하기 때문이라. 내가 그를 위하여 모든 것을 잃어버리고 배설물로 여김은 그리스도를 얻고…. 빌 3:8

그릇된 이분법을 산산조각 내다

그리스도인 저자들은 3세기 중반 이후로 교회 안의 두 주요 인물의 모델로서 마르다와 마리아를 제시해왔다. 즉, 바쁜 행동파 마르다들와 조용한 사색파 마리아들이다.

관찰자로서 이것을 볼 때, 나는 이런 식으로 풍자하는 것이 성서의 이야기에 부합하지 않는다고 믿는다. 그것이 마르다를 제법 잘 묘사했을 수도 있다고 생각하지만, 마리아의 경우엔 잘못 짚은 것 같다. 내가 설명해보겠다.

주님께 대한 마르다의 섬김이 사랑과 헌신에서 나온 행동이라는 것엔 의심의 여지가 없다. 예수님께서 그분을 위한 그녀의 섬김을 과소평가하시지 않은 사실이 이것을 확증해준다.

그러나 어떤 마르다 유형의 사람들은 열렬한 활동을 위해 하나님과의 관계를 약화시키는 길로 간다. 그런 사람들은 얼마나 많은 불신자에게 그리스도를 전했는가, 가난한 자들과 억압받는 자들을 어떻게 돕고 있는가, 어떻게 하면 사회 정의와 세상을 더 나은 곳으로 만드는 일에 가담할 수 있는가에 집착한다. 그들의 생각에는 이 모든 것이 "선한 그리스도인"이 되는 배지badges이다.

하지만 정말 놀라운 것은 내가 만났던 대부분의 마리아들이 이전에 마르다였다는 사실이다. 그들은 소진했거나 탈출한 사람들이다. 소진한 사람들에 관해 살펴보자. 이 과거의 마르다들은 여러 교회 프로그램, 활동, 사역에 참여해달라고 부탁받았을 때 "아니요."라고 말하는 법을 알지 못했다. 그들은 시간 날 때마다 봉사하느라 늘 바빴다. 그들의 눈에는 교회에서 봉사를 하거나 사역 활동을 위해 바쁘게 움직이는 것이 하나님을 사랑하는 것에 해당한다.

죄책감, 죄의식, 종교적 의무, 그리고 부담 등은 그들의 활동에 미묘하게 동기를 부여하고, 그 활동을 지배한다. 그들은 2천 년 전에 점수 매기기를 그만두신 하나님께 점수를 따려고 노력한다.

그러나 그리스도인의 섬김의 무게가 그들을 깔아뭉개는 순간이 왔다. 그리고 소진이 뒤따랐다. 어떤 마르다들은 소진과 탈출에서 멈추지 않았다. 그들은 그들이 가진 모든 것으로 하나님을 섬겨왔지만, "헌신"되지 않은 사람들이 하나님의 복을 받는 것을 볼 때, 점점 시험에 들고 주님을 버리기까지 했다. 그들의 쓰라린 외침은 이것이다. "나는 주님을 위해 이 모든 것을 했는데, 주님은 도리어 저들에게 복을 주셨습니다."

그들 중 어떤 사람들은 나중에 그들이 하나님을 섬긴 것이 그분을 위한 것이라기보다는 자신들을 더 위한 것이었음을 깨닫고 회개하며 주님께 돌아왔다.

이 두 가지 케이스에서, 마르다들은 섬김을 예수님과의 관계와 혼동했음을 깨달았다. 그들은 하나님 자신보다 "섬김"이라는 우상을 섬겨왔음을 심오하면서도 고통스럽게 발견했다.

그들은 또한 그들의 섬김의 근원, 즉 하나님을 섬기기 위해 그들이 의존했던 힘이 그리스도의 생명이 아니었음을 발견했다. 그 근원은 그들이 태어날 때부터 갖고 있던 힘과 에너지였다.

더 나아가서 그들은 그들의 정체성과 안정성이 그들의 섬김 속에 싸여있음을 깨달았다. 바로 그것이 왜 그들이 일에서 그토록 관심받기를 갈망했는지의 이유이다. 그것은 또한 그들이 왜 다른 사람들의 섬김 또는 섬기지 않은 것을 그토록 판단하고 비판하게 되었는지의 이유이다.

그 결과는 이렇다. 여러 해를 마르다들로서 노예생활을 한 후에, 그들은 마리아들이 되었다. 말하자면 그들은 그리스도 안에서 안식을 누리고, 그분의 음성을 듣고, 사역을 위해 그분의 에너지를 힘입는 법을 배웠다.

다시 말해서, 마리아는 섬김이 결핍된 사람이 아니었다. 예수님은 그녀에게 책망이나 불평의 말을 하시지 않았다. 그리고 우리가 이미 살펴보았듯이, 마리아는 예수님께서 가르치기 시작하시기 전에는 마르다를 도왔다.

그러므로 해결책은 마리아를 더 마르다화시키는 데더 섬기게 함 있지 않고, 마르다를 더 마리아화시키는 데더 예배하게 함 있지도 않다. 이것은 균형을 유지하는 문제가 아니고, 우선권, 방향성, 그리고 근원의 문제이다.

모든 섬김은 지속될 가치가 있으려면 주님과의 교제에서 흘러나와야 한다. 모든 섬김은 소진 또는 탈출로 귀결되지 않도록 그리스도의 생명 안에서 그 근원을 찾아야 한다.

> 여호와께서 집을 세우지 아니하시면 세우는 자의 수고가 헛되며. 시 127:1

모든 섬김은 다른 사람들에게 관심받기 위한 욕구가 아닌, 하나님을 기쁘시게 하려는 아주 예리한 열망에서 흘러나와야 한다. 만일 그렇지 않다면, 그것이 불평이나 비판을 낳는다.

하나님은 세상을 창조하셨을 때 엿새 동안 일하시고 나서 안식하셨다. 아담이 여섯 째 날에 창조되었기 때문에 하나님의 일곱 째 날인 안식일은 아담의 첫 번째 날이었다.

하나님은 안식하시기 전에 일하시지만, 사람들은 일하기 전에 안식한다. 이 원리가 모든 그리스도의 섬김을 뒷받침한다. 우리는 그리스도를 위해 일하기 전에 그리스도 안에서 안식한다. 또는 에베소서의 표현으로, 우리는 서거나 행하기 전에 앉아있다. 엡 1:20, 4:1, 6:11

이미 그의 안식에 들어간 자는 하나님이 자기의 일을 쉬심과 같
이 그도 자기의 일을 쉬느니라. 히 4:10

마리아는 이 모든 것들에서 우리의 본보기이다. 그리고 예수님
은 그것을 확증하시며 그녀를 변호하셨다.

요약하자면, 주님을 찾고 그분의 지시를 기다리는 시간을 갖지
않고 그분을 위해 바쁘게 움직이는 것은 위험한 일이다. "종교적
인" 활동은 성령의 역할을 복제하려고 노력하는 타락한 영혼의 방
식이다.

* * *

주님은 그리스도의 몸 안에서 사람의 모든 기질을 사용하신다.
즉, 침착한 사람, 조용한 사람, 신중한 사람, 소심한 사람, 온순한
평화주의자뿐만 아니라, 다혈질, 실용적인 사람, 거침없는 사람,
적극적인 활동가도 사용하신다.

그러나 하나님이 우리의 독특한 기질과 성품을 폐기하시지는 않
아도 그런 것들이 그분의 인격과 일치하고, 그분의 뜻을 따르고,
그분의 생명의 능력을 힘입도록 조정되기를 원하신다.

단 한 명의 청중

오늘날 그리스도인의 사역이 자기 중심적인 경우가 허다하다. 그리고 주님을 위해 일하는 모든 사람이 그것의 포로가 될 수 있다. 하지만 사역은 사람들을 감동시키시는 것에 관한 것이 아니다. 오늘의 영웅이 내일엔 나락으로 떨어질 수 있다. 루스드라에서의 바울과 바나바의 이야기가 우리에게 이것에 대해 큰 교훈을 준다.

그 이야기는 사도행전 14장 11-19절의 아홉 절에 등장한다. 여기서 바울과 바나바에게 제사하려 했던 그 똑같은 사람들이 그들을 죽이려고 한 것을 볼 수 있다.

무엇이 두 사도에 대한 그들의 마음을 그렇게 순식간에 바꿔놓았는가? 비시디아 안디옥과 이고니온에서 바울을 비방하던 사람들이 퍼뜨린 "악의의 제보 소문"이 그들을 그렇게 만들었다. 그런 것이 바로 타락한 인간들의 본성이다.

이 점을 고려해서, 우리가 실제로 누구를 섬기고 있는지에 관한 감각을 유지하도록 도와줄 몇 가지를 여기에 소개한다.

사람들보다는 하나님을 위해 살기로 결정을 내리라. 오직 그분만을 기쁘시게 하는 길을 찾으라. 물론 쉽지 않겠지만, "사람을 기쁘게" 하려는 욕구를 내려놓으라. 만일 당신이 사람을 기쁘게 하기 위해 산다면, 지금 여기서 상을 받게 될 것이다. 마 6:5 루스드라의 교훈을 배우라. 오늘 당신을 칭찬하는 사람들이 내일엔 결국 당신을 비난하게 될 것이다. 칭찬과 모욕 사이는 단 5분이면 충분하다. 키플링Kipling은 언젠가 그가 쓴 「만일If」 이라는 제목의 시에서 이렇게 표현했다. 승리와 재앙은 똑같이 취급받아야 하는 두 사기꾼이다.

당신의 동료 그리스도인들의 눈에 뭔가 대단한 사람으로 비쳐지기를 바라는 야망과 주님을 기쁘시게 하려는 포부는 아주 다른 것이다. 참된 섬김은 도움이나 관심을 요구하지 않는다. 사람들을 감동시키려는 육신적인 유혹을 거부하라. 하나님을 위하여 대단한 업적을 쌓는 것에 너무 신경을 쓰지 말라. 그 대신, 순종으로 그분께 반응하는 단계를 밟아 나가는데 초점을 맞추라. 그렇게 할 때 궁극적으로 그 단계들이 하나씩 늘어갈 것이다.

만일 누가 주님 안에서 당신을 감동시키고 격려해주는 뭔가를 행하거나 말한다면, 그들에게 그것을 알려주어라. 그것이 그들의 인생에 어떤 영향을 끼칠지 모른다. 그것이 알맞을 때에 주어진 꼭 필요한 말일 수도 있다. 나의 영적 훈련실천 중의 하나는 어떤 모양으로든지 나의 삶에 감동을 주거나 영향을 준 사람들에게 감사와 고마움을 표현하는 것이다. 나는 결코 그것을 놓치지 않으려고 노력한다.

한 거지가 다른 거지를 독려한다. 계속해서 희생하라. 지는 편을 택하라. 당신의 삶을 내려놓으라. 원수를 사랑하라. 당신을 멸시하는 사람을 축복하라. 당신을 비난하는 사람들에게 되갚지 말라. 다른 사람들이 전혀 인식하지 못하고 주목하지 않는다 해도, 당신의 삶을 그들에게 쏟아부으라. 뒤돌아보지 말고 당신의 주님을 신실하게 섬기라. 왜냐고? 이 모든 것을 지켜보시는 분이 계시기 때문이다. 그리고 오직 그분의 견해만이 중요하기 때문이다.

B. J. 호프는 그것을 멋지게 표현했다. "세상이 듣거나, 승인하거나, 이해하는 것은 중요치 않다.… 우리가 구해야 할 가치가 있는 단 하나의 박수는 못박힌 자국이 선명한 손에 의한 박수이다."

예수님께서 믿음을 갖는 것과 하나님의 승인만을 구하는 것을 어떻게 연결하셨는지를 주목하라.

> 너희가 서로 영광을 취하고 유일하신 하나님께로부터 오는 영광은 구하지 아니하니 어찌 나를 믿을 수 있느냐? 요 5:44

이것을 보지 못하는 것은 숫자, 칭찬, 그리고 박수가 당신의 행복을 결정하는 인간의 수준에서 살고 있다는 증거이다. 단 한 명의 청중 앞에서 사는 법을 터득하라. 이것이 당신의 인생을 설명해주는 특징이 되기를! 마리아는 이 교훈을 잘 알았다. 그리고 마르다는 궁극적으로 그것을 발견했다.

***

우리는 이 짧은 이야기에서 베다니에 관한 여러 특색을 발견한다.

베다니에서, 예수 그리스도는 완전히 받아들여졌다.

베다니에서, 우리의 최우선은 주님의 발치에 앉아서 그분의 말씀을 듣고 반응하는 것이다.

베다니에서, 우리의 섬김은 그리스도와 우리의 교제에서 흘러나온다. 이것의 근원은 우리가 그분의 지시를 받고 그분의 능력을 힘입는 것이다.

베다니에서, 여자들에게도 남자 제자들과 동일한 특권과 동일한 자격이 주어졌다.

베다니에서, 우리의 기질, 성향, 동기가 드러나고 변화가 일어난다.

베다니에서, 우리는 단 한 명의 청중을 위해 살아간다.

지금 당장 우리 모두를 향한 주님의 부르심은… **베다니가 되는 것이다.**

하지만 이 작은 고을에 관련된 교훈이 더 많이 있다.

토론하기

1. 나사로가 베다니에서 처음 예수님을 만났을 때의 이야기에서 당신에게 가장 와닿았던 것들은 무엇인가?

2. 당신의 기질은 어떤 면에서 마르다와 닮았는가? 어떤 면에서 마리아와 닮았는가?

3. 일반적으로 마르다는 서서 섬기고 예배에는 관심이 없다, 마리아는 앉아서 흠뻑 빠져있는 섬김에는 관심이 없다 것으로 알려졌다. 이 장에서 이 견해를 어떤 식으로 반박하고 있는가?

4. 만일 당신이 마르다였다면, 무엇이 당신으로 하여금 마리아가 되게 했는지를 나누라.

5. 오늘날 우리가 예수님의 발 아래 앉아 그분의 말씀에 귀를 기울일 수 있는 방법엔 어떤 것들이 있는가?

6. "적용하기" 섹션에서, 오늘날 어떻게 하면 예수님을 제대로 영접할 수 있는지에 관해 세 가지로 정리했는데, 당신에게 가장 와닿은 것은 어떤 것이고, 그 이유는 무엇인가?

7. 단 한 명의 청중을 위해 사는 것을 어렵게 하는 것들은 무엇인가? 그것들을 어떻게 처리할 수 있는가?

제3장

베
다
니
에
서   깨
            어
            나
            다

　시간이 흘렀는데, 아직도 예수님에게서는 소식이 없다. 나는 병 들어 몸져누웠다. 동방에서 시작된 열병이 나를 덮쳐서, 나의 몸을 속에서부터 뒤집어놓고 불덩이로 만들었다.

　발병한 후 2주가 흐른 뒤, 나의 상태는 날이 갈수록 악화되었다.

　내가 더는 걸을 수 없게 되었을 때, 두 누이는 사람을 보내어 예수님께 이 사실을 알렸다. 그들은 선생님께서 요단강 동쪽 베레아 지역에 계시다는 것을 알고, 다음과 같은 내용의 편지를 보냈다.

　"선생님, 사랑하시는 자가 중한 병에 걸렸습니다."

편지를 보낸 그날 저녁, 내 병은 더 악화되어 열이 들끓었다. 내 팔다리는 허약해진 내 지시를 따르기를 거부했고, 나는 거의 앉아 있을 수도 없었다. 침대는 나의 쇠약한 몸을 가둬놓은 감옥이 되었다.

내 누이들은 내가 병에서 소생할 가망이 없다는 비관적인 생각에 사로잡혔다.

마르다는 "선생님이 여기 계셨다면 나사로가 나았을 거야"라며 불평을 늘어놓았다.

나는 마리아가 "예수님께서 오셔야만 해."라고 중얼거리는 소리를 들었다.

아버지는 계속 나를 격려해주셨다. 예수님께서 아버지를 고쳐주셨으니, 분명 나도 낫게 해주실 것이라고 말이다.

* * *

나는 잠을 자지 못하고 날밤을 새우는 날이 대부분이었다. 나는 비참할 정도로 몸을 뒤척였고, 내 마음은 목숨줄 놓기를 거부했으며, 내 몸을 관통해서 흔들어놓으려는 고통을 거부했다.

내가 죽으면 누이들은 어떻게 하나? 그리고 아버지는? 내 가게가 문을 닫으면 누가 가족을 책임질 것인가? 이런 걱정들이 내 마음을 몹시 괴롭혔다.

그 날 저녁에 나의 가장 친한 친구들인 나단, 사무엘, 도비야가 병문안을 왔다. 내 방으로 향하는 계단을 오르는 그들의 발자국 소리를 들으며 나는 눈을 떴다. 방으로 들어온 친구들은 침대 주위에 둘러서서 말하기 시작했다.

나단은 내 쪽으로 몸을 기울였는데, 그의 얼굴엔 슬픈 기색이 가득했다.

그가 침울하게 말했다.

"나사로, 내가 오래 전에 하나님께 대한 믿음을 버렸다는 것을 너도 알고 있지? 너처럼 나도 여호와가 우리를 억압하는 자들에게서 우리 민족을 해방하시킬 것을 어릴 적부터 배웠지. 하지만 그 동안 아무런 조짐도 없었어. 꼭 우리 세대 뿐만 아니라 우리 이전 세대들에게도 마찬가지였지."

"내가 주위에서 늘 보는 것은 고통과 억압과 악한 것밖에 없어. 그리고 지금 너 자신을 보란 말이야. 하나님을 사랑하는 의로운 사내가 병들어 오늘내일하고 있잖아. 너의 병은 내 의심만 더 확인시켜줄 뿐이야. 사람은 고결하게 죽음을 맞이해야 해. 그래서 나는 네가 믿음을 버리고 고결하게 생을 마감했으면 해."

나단은 말을 멈췄고, 우리는 잠시동안 서로를 쳐다보았다. 나는 그에게 아무런 대답도 하지 않았다.

나단의 말에 동의하지 않는 듯 사무엘은 고개를 저으면서 내 쪽으로 몸을 기울이며 이렇게 말했다.

"나사로, 너도 알다시피 나는 나단의 말에는 동의하지 않아. 나는 여호와의 약속들은 사실이고 메시아가 오셔서 우리를 해방시킬 것이라고 믿어. 하지만 나사렛 예수가 그 메시아라고 믿는 것은 너의 잘못된 판단이야."

"만일 예수가 진정 스스로 주장하는 그 사람이라면, 네가 그를 가장 필요로 하는 지금 도대체 어디에 있는 거야? 그가 진정 선지자라면, 네가 병든 것을 알고 고쳐주지 않겠니? 나는 네가 속은 상태로 죽는 것을 원하지 않아. 예수에 대한 믿음을 버리고, 그런 사기꾼을 믿었던 것에 대해 하나님께 회개해. 그렇게 한다면 하나님께서 너를 용서해주실 것이라고 나는 믿어. 아직 시간이 남았어."

도비야는 멍한 표정으로 뒤로 한 발 물러나서 이렇게 속삭였다.

"나사로, 내가 너를 사랑한다는 걸 알지?"

나는 고개를 끄덕였다.

"내가 지금부터 하려는 말은 내 맘을 전부 담아 선의로 하는 말이야. 하나님께서 의인을 고치시고 죄인을 벌주시는 것은 우리가 아는 사실이지. 네가 이 병에 걸리게 된 것에는 분명 이유가 있지 않을까? 네 인생에 미처 다루지 않은 자백하지 않았거나 회개하지 않은 죄가 있을 거야."

"나는 네가 낫기를 원해. 그러니 제발 네 마음 속을 잘 들여다보기를 바래. 네가 지은 죄를 회개하고 사함받기를 간구해. 그렇게 하면 하나님께서 너를 고쳐주실 것이라고 나는 확신해."

나는 말문이 막혔다. 내 몸 속의 통증이 내 마음으로 이동한 듯했다. 내 친구들은 좋은 뜻으로 말했겠지만, 그들의 말은 아무런 위로도 주지 못했다.

내 근육은 긴장되었다. 나는 의도적으로 얼굴 표정을 돌처럼 굳게 했다. 내 감정을 보이기 싫었기 때문이다. 나는 입술을 굳게 닫았다. 엄청난 충격에 가슴이 미어지는 것을 금할 길이 없었다.

내가 평정심을 되찾는 데는 시간이 조금 걸렸다. 여전히 반듯이 누운 채로, 나는 입을 열기 위해 젖먹던 힘까지 짜냈다. 친구들의 비난은 내가 그들에게 적절한 대답을 모색하는 와중에도 여전히 내 마음 속을 헤집어놓았다.

"친구들아. 너희가 모두 좋은 뜻으로 말해주었다는 것을 알아. 하지만 지금 내가 무슨 생각을 하는지 말해줄게."

나는 나단을 향해 이렇게 말했다.

"나단, 나는 우리 조상들의 하나님께서 살아계심을 알고 있어. 지금 내가 비록 볼 수는 없을지라도, 하나님은 항상 그러셨듯이 언젠가는 그분의 약속을 모두 지키실 것이라 믿어. 그분의 시간표는 우리의 것과는 달라. 나는 아브라함, 이삭, 야곱의 하나님을 신뢰하며 죽을 거야."

나단은 고개를 푹 숙였다.

그 순간 내 목이 잠겼다. 숨 쉬기가 힘들었지만, 나는 사무엘의 눈을 쳐다보며 말했다.

"나는 왜 예수님께서 아직도 오시지 않는지 모르겠다는 것을 인정해. 그리고 그분이 여기 계시다면, 내가 고침받을 것도 알아."

"하지만 그럼에도 불구하고 나는 그분을 신뢰해. 그리고 내 마음을 다해 그분이 하나님께서 약속하신 분이고, 메시아며, 살아계신 하나님의 아들이라고 믿어. 이것만큼은 확신할 수 있어. 그분이 곧 오셔서 나를 낫게 해주시기를 고대하고 있어. 하지만 그리 아니하실지라도, 나는 그분이 오리라고 약속된 분이라는 사실을 믿으며 죽을 거야."

내 심장은 거칠게 뛰었다. 나는 도비야를 보았다.

"도비야, 나는 여태껏 하나님 앞에서 내 마음을 살펴보았고, 이 병에 걸릴 만한 행동을 했다고 믿지는 않아. 내가 왜 병들었는지 너에게 설명할 수는 없어. 내가 죽더라도 나는 나의 하나님께 죄를 짓지 않았다고 믿으며 생을 마감할 거야."

내 팔과 손이 마비되기 시작했다. 내 다리도 곧 움직일 수 없게 되었다. 나는 나단에게 가까이 오라고 손짓하고는 그의 귀에 속삭였다.

"내 누이들과 아버지를 불러줘."

마리아와 마르다, 아버지가 내 방으로 뛰어 올라왔다. 나는 사랑의 눈길로 각각 쳐다보며, 작별 인사를 하려고 애썼다. 마르다의 손이 파르르 떨렸다. 그녀의 볼 위로 눈물이 흘러내렸다. 마리아는 아버지의 어깨에 기대어 흐느꼈다.

내 얼굴에서 핏기가 사라지는 것이 느껴졌다. 하지만 한 마디도 더 말하지 못하고 나는 잠이 들었다. 내가 그들이 지켜보는 가운데 죽은 것이다.

* * *

그 이후의 이야기는 누이들과 아버지, 그리고 선생님의 제자인 요한이 들려준 것이다.

마리아와 마르다는 넋이 나갔다. 누이들이 예수님께 보냈던 사람은 그날 저녁에 도착했다. 누이들은 내 방에서 목놓아 울었다. 아버지는 내 시신을 무덤으로 옮기라고 말했다.

예수님께 다녀온 사람이 마리아와 마르다에게 전해준 예수님의 대답은 다음과 같았다.

"이 병의 끝은 죽음이 아니다. 그것은 하나님의 아들을 영광스럽게 하시는 하나님의 영광을 위한 것이다."

마르다는 이것을 선생님에게 노골적으로 무시당한 것이라고 느끼며, 점점 더 크게 울면서 마리아에게 말했다.

"내가 속은 것 같아. 예수님은 나사로가 죽지 않을 거라고 했는데, 왜… 도대체 왜 이런 일이 일어난 거야? 어떻게 그분이 손 놓고 계실 수 있어?"

마리아는 어쩔 줄 몰라 울면서 마르다를 끌어안고 말했다.

"나도 당혹스러워. 하지만 마음 속에 쓴 뿌리를 갖지는 마. 뭔가 이유가 있을 거야. 선생님이 오셔서 그 이유를 말씀해주실 거야. 나는 그분이 그렇게 하실거라는 걸 알아."

마르다의 좌절은 위세로 바뀌었다.

"만약 그분이 오늘밤 장례식에도 나타나지 않으면, 내가 그분을 용서할 수 있을지 장담 못 해. 그건 정말 참을 수 없을 것 같아."

마르다는 그날 저녁 장례 절차를 주관하였다. 그녀는 내 몸이 부패하여 악취가 나는 것을 방지하기 위해 시신을 향료와 침향으로 덮었다. 내 시신은 세마포로 싸인 채 봉인된 무덤에 눕혀졌고, 산 사람들의 세상으로부터 차단되었다.

예루살렘에서 온 친구들과 친척들이 따뜻하게 애도해주었고, 전문 애도자들이 고용되었다. 마리아와 마르다는 상상할 수 없을 정도로 슬퍼했다.

사흘이 지났다. 우리 집은 친지들로 가득 찼고, 고인을 떠나보내며 모두 다 울고, 슬퍼하며, 애도하였다. 마르다가 뜰에 있을 때, 우리 지인 중 한 사람이 전할 말이 있다며 헐레벌떡 뛰어왔다. 그가 숨을 헐떡거리며 말했다.

"예수님이 베다니로 오고 계십니다! 제자들도 함께 오고 있는데, 바로 마을 입구까지 오셨어요!"

마르다의 손에 있던 냄비가 달가닥 소리를 내며 바닥에 떨어졌다. 그녀는 베다니 입구까지 오신 예수님을 맞이하러 뜰을 박차며 뛰쳐나갔다. 마르다는 미끄러지듯 멈췄다. 그녀는 눈물 범벅이 되어 마구 울부짖었다.

"주님! 주님께서 여기 계셨더라면 내 동생이 죽지 않았을 거예요! 하지만 나는 이제라도 주님께서 무엇이든지 하나님께 구하시는 것을 하나님이 주실 줄 알고 있어요."

예수님께서 대답하셨다. "네 동생이 죽은 자 가운데서 다시 살아날 것이다."

마르다는 고개를 저으며 뒤로 물러나며 말했다.

"그가 죽은 자들이 부활하는 마지막 날에는 다시 살아날 줄을 내가 알고 있습니다."

예수님은 계속 마르다를 응시하며 말씀하셨다.

"너는 죽은 자들이 부활할 것이라는 사실을 믿는 구나. 네 말이 옳다. 하지만 나는 **부활**이요 **생명**이니 나를 믿는 자는 죽어도 살겠고, 무릇 살아서 나를 믿는 자는 영원히 죽지 아니할 것이다. 이것을 네가 믿느냐?"

마르다는 말없이 서 있다가, 이윽고 고개를 들고는 이렇게 말했다. "주는 그리스도시요 세상에 오시는 하나님의 아들이신 줄 내가 믿습니다."

마르다의 어깨가 축 쳐졌다. 슬픔에 젖은 그녀의 마음은 예수님이 그분의 손에 죽음의 열쇠를 쥐고 계시다고 선포하신 사실을 받아들일 수가 없었다. 앞으로는 물론이거니와 지금 당장 그 말씀을 소화시킬 수 없었다.

예수님께서 물으셨다. "마리아는 어디 있느냐? 마리아와 이야기를 나누고 싶구나."

마르다는 "제가 데리고 오겠습니다."라고 대답했다.

이에 마르다는 급히 집으로 달려갔고, 마리아는 바닥에 앉아 슬픔의 무게에 짓눌린 채 흐느끼고 있었다. 마르다는 마리아가 아직 다른 사람들을 통해 듣지 않기를 바라면서, 마리아의 귀에 조용히 속삭였다.

"선생님께서 마을 입구에 오셨는데 너를 찾으셔."

깜짝 놀라 일어난 마리아는 곧장 그분을 만나러 달려갔다. 친지들과 이웃들도 그녀의 뒤를 따라갔다. 그들은 마리아가 내 무덤에 가는 줄로 여겼다.

마리아가 예수님을 보는 순간, 그녀의 무릎에 힘이 풀렸고 눈물이 쏟아져나왔다. 절망적인 슬픔으로 가슴이 무너져내린 그녀는 마르다가 했던 말을 되풀이했다.

"주님께서 여기 계셨더라면 내 동생이 죽지 않았을 거예요!"

예수님은 마리아의 손을 잡아 일으켜 세우셨고, 그녀의 슬픈 모습에 한탄하시며 한숨을 내뱉으셨다. 그리고 심히 비통히 여기시며 이렇게 물으셨다.

"나사로를 어디에 두었느냐?"

선생님은 눈에 띄게 떨고 계셨다. 그리고는 눈물을 흘리셨다. 마리아의 눈물은 하나님의 아들을 울게 하였다. 아무런 말도 마리아에게 위안이 되지 못했지만, 메시아가 보이신 눈물이면 충분했다.

* * *

예수님은 속으로 탄식하시고 겉으로는 눈물을 흘리시면서 무덤으로 향하셨다. 마리아와 선생님의 제자들도 그분을 따랐다. 마리아가 예수님께 달려갈 때 따라갔던 사람들도 그들의 뒤를 따랐다.

뒤를 따라가던 유대인들 중 한 사람이 그분의 눈물을 보고 이렇게 중얼거렸다.

"보라. 그가 나사로를 얼마나 사랑하셨는가? 맹인의 눈을 뜨게 한 이 사람이 나사로는 죽지 않게 할 수 없었을까?"

그들은 마을로 들어섰고, 마리아는 마르다와 아버지를 데려와서 다같이 무덤으로 향했다. 예수님은 위엄있고 침착하게 무덤을 막고 있던 돌을 치우라고 명하셨다. 내 장례를 준비했던 마르다는 놀란 나머지 거친 숨을 내쉬며 걱정스럽게 항변했다.

"주님, 나사로가 죽은 지 나흘이나 되어 벌써 악취가 납니다."

마리아는 선생님을 신뢰하며 잠자코 있었다.

예수님은 앞에서 마르다에게 말씀하셨던 것을 상기시키며 부드럽고도 단호하게 그녀를 책망하셨다.

"내 말이 네가 믿으면 하나님의 영광을 보리라 하지 않았느냐?"

이 상황이 이해가 되지 않는 마르다는 고개를 떨구고 입을 다물었다.

나단과 사무엘, 그리고 다른 남자 몇 사람이 무덤 입구를 막고 있던 큰 돌을 옮기려고 손을 갖다 대었다. 그들은 땅에 고정시켜놓았던 홈에서 벗어날 때까지 돌을 밀었고, 마침내 무덤의 입구가 드러났다. 모든 사람이 기대를 갖고 지켜보았다. 어떤 사람들은 예수님이 나의 시신을 입구 밖으로 옮기라고 명하실 것을 생각해서 코를 틀어막았다.

예수님은 머리를 뒤로 젖히시고 눈을 들어 하늘을 향해 기도하셨다. 그분은 하늘 아버지께 말씀하시면서 큰 소리로 기도할 필요가 없다고 하셨다. 하지만 아버지께서 그분을 보내셨음을 둘러선 사람들이 알게 하시려고 소리를 내어 기도하셨다.

이렇게 말씀하시고는 머리를 숙이시고 내가 누워있던 무덤을 향해 시선을 고정하셨다. 예수님은 이제 숨막힐 듯한 기대를 걸고 침묵을 지키는 군중들을 향해 그분의 무한한 능력의 팔과 비할 데 없는 위엄을 드러내실 준비가 되셨다.

나는 나를 향해 소리치시는 선생님의 음성을 들었다. 내가 너무나도 잘 아는 바로 그 목소리였다. 그분의 찌르는 듯한 외침이 나의 의식이 되돌아오도록 충격을 주었다. 내가 깊은 잠에 빠졌던 느낌을 받았었지만, 그분의 음성… 내가 즉시 알아차릴 수 있는 음성이 나를 깨어나게 했다.

"나사로야, 나오라."

나는 순간 숨을 쉬기 위해 헐떡였다. 나의 의식이 돌아왔다는 것을 인식했을 때, 나는 눈을 뜨려고 애썼다. 하지만 얼굴을 감쌌던 수건이 너무 꽉 조이고 있어서 눈을 뜨기가 몹시 힘들었다. 내 몸 전체에 감각이 살아났지만, 여전히 나는 머리부터 발끝까지 베로 동인 그대로였다.

다리를 감싸고 있던 베는 내가 다리를 조금씩 움직일 수 있을 만큼 헐거웠다. 그래서 나는 발을 땅에 딛고 일어설 수 있을 때까지 몸을 뒤흔들고 꿈틀거렸다. 빛을 향해 비틀거리며 나가는 중에 무리의 웅성거리는 소리가 입구를 쉽게 찾을 수 있게 도와주었다.

내가 무리 앞에 모습을 드러내자마자, 나를 본 사람들이 지르는 비명 소리를 들을 수 있었다. 어떤 사람들은 숨을 몰아쉬며 "유령이다!"라고 소리쳤다. 다른 사람이 소리를 질렀다. "아니야… 저건 나사로가 아니야… 그럴 리가 없어!"

놀라움에 사로잡힌 사람들은 몹시 당황했다. 죽었던 사람이 그들의 눈 앞에서 다시 살아난 것이다. 그것은 비할 데 없는 경이로움과 독보적인 영광이 드러나는 장면이었다.

나는 다시 예수님의 음성을 들었다. 이번에 그분은 나를 풀어놓아 다니게 하라고 사람들에게 명하셨다. 나단과 사무엘은 나에게로 달려와 내 몸을 감싸고 있던 베를 벗겨내기 시작했다. 나단이 소리쳤다. "악취가 나지 않습니다! 예수님께서 부패한 몸을 다시 돌려놓으셨습니다."

뜨거운 열기가 내 차가운 몸을 따뜻하게 해주었다. 구슬땀이 내 팔과 이마에 맺히기 시작했다. 그들이 내 머리에서 수건을 벗겨내자, 나는 눈을 뜨려고 노력했다. 하지만 눈을 멀게 할 정도로 눈부신 태양이 내 눈을 지질 것 같아서 실눈을 뜰 수 밖에 없었다. 몸은 쑤셨지만 병은 없어졌다. 고통이 사라진 것이다.

마리아, 마르다, 그리고 아버지는 서로 부둥켜안고 흐느꼈다. 기쁨과 놀라움이 그들의 얼굴에 써있었다. 나는 방금 전에 받은 이 선물을 이해할 수가 없어 내 손을 뒤집어 보았다. 마르다는 나에게로 달려와 손을 붙잡은 채 눈을 크게 뜨고 살펴보았다.

그녀가 "나사로!"라고 외치며 나를 불렀고, 이에 내가 대답했다.

"그래, 누나. 나야. 나 살았어!"

마르다는 조금 달라보였다. 슬픔이 그녀의 얼굴을 변화시켰던 것이다. 예수님은 침착하고 평온하게 서 계셨다. 나는 그분에게로 걸어갔고, 우리는 서로 껴안았다.

내가 입을 열었다. "주님, 감사합니다. 나는 주님이 하나님의 아들이시며 약속하셨던 메시아라는 것을 믿습니다."

이 광경을 넋을 잃고 보고 있던 많은 사람이 앞으로 나와 나를 만져보려고 손을 내밀었다. 그들 중 몇은 그들이 목격한 것을 전하려고 예루살렘으로 달려갔다.

우리는 베다니에 있는 우리 집으로 돌아왔다. 예수님과 그의 제자들은 며칠동안 우리와 함께 지내셨다. 사람들이 꾸준히 우리 집을 찾아왔다. 그들은 직접 나를 보고, 내가 진짜로 살아있다는 것을 그들의 눈으로 확인하고 싶어했다.

"나사로, 우리는 오늘 떠나야 해."

이른 아침 햇살이 올리브나무 가지 사이로 쏟아지며, 소식을 전하시는 선생님의 얼굴을 따뜻하게 어루만지고 있었다.

"나를 죽이려는 음모가 진행 중이란다. 유대인들은 내가 죽기를 원해. 그래서 내가 더는 마음대로 돌아다닐 수가 없을 것 같구나. 우리는 에브라임 근처의 시골 동네로 가려고 해. 하지만 이곳으로 돌아올 거야."

나는 고개를 끄덕였다. 그분이 떠난다는 사실이 못내 아쉬웠지만, 나는 이렇게 말씀드렸다.

"주님께서 돌아오시기를 고대하겠습니다. 저희 모두 다…."

그 다음 몇 주간은 잊을 수가 없다. 사람들은 단지 나를 구경하려는 목적으로 베다니를 방문했다. 어떤 사람들은 나를 자세히 살펴보아도 되겠냐고 묻기도 했는데, 아마도 내가 실제로 살아있고 유령이 아니라는 사실을 확인하고 싶었던 것 같다.

그날에 일어난 일을 떠올려볼 때, 나는 예수님의 부활 생명의 능력 뿐만 아니라 그분의 뛰어난 지혜도 목격했다. 예수님은 그분이 하시려던 것이 속임수나 거짓이 아니라는 것을 증명하기 위해 그 자리에 있던 다른 사람들에게 돌을 옮겨달라고 부탁하셨다.

나를 다시 살려주신 그분께 너무나 감사하다. 이렇게 해주셔서 나는 그분의 부활하신 몸을 목격했을 뿐만 아니라, 또한 그분이 돌아가시기 직전에 있었던 일도 목격할 수 있게 되었다. 내 누이 마리아가 보여주었던 두고두고 회자될 불후의 헌신을….

성서 본문

어떤 병자가 있으니 이는 마리아와 그 자매 마르다의 마을 베다니에 사는 나사로라. 이 마리아는 향유를 주께 붓고 머리털로 주의 발을 닦던 자요, 병든 나사로는 그의 오라버니더라.

이에 그의 누이들이 예수께 사람을 보내어 이르되 "주여 보시옵소서 사랑하시는 자가 병들었나이다" 하니, 예수께서 들으시고 이르시되 이 병은 죽을 병이 아니라 하나님의 영광을 위함이요, 하나님의 아들이 이로 말미암아 영광을 받게 하려 함이라 하시더라.

예수께서 본래 마르다와 그 동생과 나사로를 사랑하시더니, 나사로가 병들었다 함을 들으시고 그 계시던 곳에 이틀을 더 유하시고, 그 후에 제자들에게 이르시되 "유대로 다시 가자" 하시니, 제자들이 말하되 "랍비여 방금도 유대인들이 돌로 치려 하였는데 또 그리로 가시려 하나이까?"

예수께서 대답하시되 "낮이 열두 시간이 아니냐 사람이 낮에 다니면 이 세상의 빛을 보므로 실족하지 아니하고, 밤에 다니면 빛이 그 사람 안에 없는 고로 실족하느니라."

이 말씀을 하신 후에 또 이르시되 "우리 친구 나사로가 잠들었도다. 그러나 내가 깨우러 가노라."

제자들이 이르되 "주여, 잠들었으면 낫겠나이다" 하더라. 예수는 그의 죽음을 가리켜 말씀하신 것이나 그들은 잠들어 쉬는 것을 가리켜 말씀하심인 줄 생각하는지라.

이에 예수께서 밝히 이르시되 "나사로가 죽었느니라. 내가 거기 있지 아니한 것을 너희를 위하여 기뻐하노니, 이는 너희로 믿게 하려 함이라. 그러나 그에게로 가자" 하시니, 디두모라고도 하는 도마가 다른 제자들에게 말하되 "우리도 주와 함께 죽으러 가자" 하니라.

예수께서 와서 보시니 나사로가 무덤에 있은 지 이미 나흘이라. 베다니는 예루살렘에서 가깝기가 한 오 리쯤 되매, 많은 유대인이 마르다와 마리아에게 그 오라비의 일로 위문하러 왔더니, 마르다는 예수께서 오신다는 말을 듣고 곧 나가 맞이하되 마리아는 집에 앉았더라.

마르다가 예수께 여짜오되 "주께서 여기 계셨더라면 내 오라버니가 죽지 아니하였겠나이다. 그러나 나는 이제라도 주께서 무엇이든지 하나님께 구하시는 것을 하나님이 주실 줄을 아나이다."

예수께서 이르시되 "네 오라비가 다시 살아나리라."

마르다가 이르되 "마지막 날 부활 때에는 다시 살아날 줄을 내가 아나이다."

예수께서 이르시되 "나는 부활이요 생명이니 나를 믿는 자는 죽어도 살겠고, 무릇 살아서 나를 믿는 자는 영원히 죽지 아니하리니 이것을 네가 믿느냐?"

이르되 "주여 그러하외다. 주는 그리스도시요 세상에 오시는 하나님의 아들이신 줄 내가 믿나이다.

이 말을 하고 돌아가서 가만히 그 자매 마리아를 불러 말하되 "선생님이 오셔서 너를 부르신다" 하니, 마리아가 이 말을 듣고 급히 일어나 예수께 나아가매, 예수는 아직 마을로 들어오지 아니하시고 마르다가 맞이했던 곳에 그대로 계시더라.

마리아와 함께 집에 있어 위로하던 유대인들은 그가 급히 일어나 나가는 것을 보고 곡하러 무덤에 가는 줄로 생각하고 따라가더니, 마리아가 예수 계신 곳에 가서 뵈옵고 그 발 앞에 엎드리어 이르되 "주께서 여기 계셨더라면 내 오라버니가 죽지 아니하였겠나이다" 하더라.

예수께서 그가 우는 것과 또 함께 온 유대인들이 우는 것을 보시고 심령에 비통히 여기시고 불쌍히 여기사 이르시되 "그를 어디 두었느냐?"

이르되 "주여 와서 보옵소서" 하니, 예수께서 눈물을 흘리시더라.

이에 유대인들이 말하되 "보라 그를 얼마나 사랑하셨는가!"

하며, 그 중 어떤 이는 말하되 "맹인의 눈을 뜨게 한 이 사람이 그 사람은 죽지 않게 할 수 없었더냐?" 하더라.

이에 예수께서 다시 속으로 비통히 여기시며 무덤에 가시니 무덤이 굴이라 돌로 막았거늘, 예수께서 이르시되 "돌을 옮겨 놓으라" 하시니, 그 죽은 자의 누이 마르다가 이르되 "주여, 죽은 지가 나흘이 되었으매 벌써 냄새가 나나이다."

예수께서 이르시되 "내 말이 네가 믿으면 하나님의 영광을 보리라 하지 아니하였느냐?" 하시니, 돌을 옮겨 놓으니 예수께서 눈을 들어 우러러 보시고 이르시되 "아버지여, 내 말을 들으신 것을 감사하나이다. 항상 내 말을 들으시는 줄을 내가 알았나이다. 그러나 이 말씀하옵는 것은 둘러선 무리를 위함이니 곧 아버지께서 나를 보내신 것을 그들로 믿게 하려 함이니이다."

이 말씀을 하시고 큰 소리로 "나사로야, 나오라" 부르시니, 죽은 자가 수족을 베로 동인 채로 나오는데 그 얼굴은 수건에 싸였더라.

예수께서 이르시되 "풀어 놓아 다니게 하라" 하시니라.

마리아에게 와서 예수께서 하신 일을 본 많은 유대인이 그를 믿었으나, 그 중에 어떤 자는 바리새인들에게 가서 예수께서 하신 일을 알리니라. 이에 대제사장들과 바리새인들이 공회를 모으고 이르되 "이 사람이 많은 표적을 행하니 우리가 어떻게 하겠느냐?"… 이 날부터는 그들이 예수를 죽이려고 모의하니라.

그러므로 예수께서 다시 유대인 가운데 드러나게 다니지 아니하시고 거기를 떠나 빈 들 가까운 곳인 에브라임이라는 동네에 가서 제자들과 함께 거기 머무르시니라. 요 11:1-47, 53-54

적용하기

베드로의 마음을 녹여버린 그 눈동자,

스데반이 보았던 그 얼굴,

마리아와 함께 울었던 그 마음만이

우리를 우상들에서 건져낼 수 있었지.

나는 *Revise Us Again*에서 이런 말을 했다. 하나님은 기초를 놓기 위해 깊이 파시는 만큼 당신을 높이실 것이다. 때로는 가장 밝은 빛이 가장 어두운 곳에서부터 온다. 그리고 당신을 파괴하지 못한 것이 결국엔 뭔가 의미있는 방법으로 당신을 정의하게 된다. 이 진리가 이 이야기에 뚜렷하게 드러나 있다.

죽었던 나사로를 살려내신 것은 성서를 아는 많은 사람이 예수님의 기적 가운데 최고의 보배로 꼽는 이야기이다. 즉, 이것을 요한복음의 일곱 가지 표적 중에서 클라이맥스로 여긴다. 흥미롭게도, 나사로는 "하나님이 도와주신다" 라는 뜻을 가진 이름의 축약형이다.

우리는 나사로가 무슨 병에 걸렸는지는 알지 못한다. 성서가 그것을 밝히지 않기 때문에 아마 특별한 병은 아니었던 것 같다. 고대에 있던 흔한 불치병으로 피부병, 천연두, 결핵, 여러 가지 눈병

안질, 이질, 나병, 그리고 말라리아 등을 꼽을 수 있다. 어떤 학자들은 나사로가 동방에서 온 열병에 걸렸다고 추측한다.

요한복음 11장은 우리에게 예수님이 마르다, 마리아, 그리고 나사로를 **사랑하셨고**, 그들이 그분의 친구였다고 말해준다.요 11:3, 5, 11, 36 주님은 요한복음 15장 15절에서 제자들에게 이렇게 말씀하셨다. "이제부터는 너희를 종이라 하지 아니하리니, 종은 주인이 하는 것을 알지 못함이라. 너희를 친구라 하였노니 내가 내 아버지께 들은 것을 다 너희에게 알게 하였음이라." 사랑과 친구, 이 두 단어는 베다니의 핵심을 잘 요약해준다.

베다니는 예수님께서 그분의 사람들을 사랑하신 곳이고, 또 그분의 사람들이 그분을 사랑한 곳이다. 그것은 또한 친구 관계, 곧 살아계신 하나님과의 친구 관계가 드러난 곳이다.

예수님은 종이 아닌 친구를 원하신다. 그분은 종살이가 아닌 사랑을 원하신다. 예루살렘의 냉랭한 성전에서는 하나님이 그저 섬김만 받으셨다. 하지만 베다니의 따뜻한 집에서 그분은 친구를 사귀셨고 또 아낌없는 사랑을 받으셨다.

나는 요한복음 11장을 읽을 때 주님께서 이렇게 말씀하시는 듯하다. "나는 섬김을 받기 위해 이 땅에 오지 않았다. 친구를 사귀러 왔고, 사랑하고 또 사랑받기 위해 왔다. 나는 사람을 내 마음에 품기 위해 왔다. 나의 마음 속의 비밀을 친구들에게 밝히 드러내기 위해 온 것이다."

하지만 예수님께서 말씀하시는 사랑과 친구 관계는 어떤 모습일까? 이것을 생각해보라. 예수님은 나사로에게 병을 허락하셨다. 그분은 마리아와 마르다에게 동생이 죽어가는 모습을 지켜보는 고통을 경험하도록 허락하셨다. 설상가상으로 예수님은 나사로에게 죽음을 허락하셨다. 그리고 그렇게 하심으로 그 귀한 자매들에게 하나뿐인 동생을 잃는 고통을 허락하셨다. 그리고 **예수님은 그동안 내내 나사로와 마리아와 마르다를 사랑하셨고, 그들을 그분의 친구로 여기셨다.**

다음에 당신이 병들거나, 사랑하는 사람을 잃거나, 위기나 비극에 처할 때 꼭 이것을 기억하라. 주님은 그분이 사랑하시는 사람들에게 고통스런 일들이 일어나는 것을 허락하시고, 그분의 친구들에게 비극이 닥치는 것을 허락하신다. 하지만 그분은 당신이 병에 걸려도 당신을 사랑하시고, 심지어 당신이 죽는다 해도 당신을 사랑하신다.

베다니에서의 죽음

요한은 그 장면을 생생하고 흥미롭게 그렸다. 여기 베다니는 주님께서 집처럼 마음 편하게 느끼셨던 이 땅의 유일한 곳이었다. 그런데 비극이 닥쳤다. 달콤한 오아시스였던 베다니가 죽음에 의해 혼란에 빠졌다. 예수님께서 아셨던 베다니가 막을 내렸다. 나사로가 죽은 것이다.

예수님께서 이 사실을 아셨을 때 그분은 그 상황의 주인이셨다. 그분은 염려하거나 서두르지 않으시고 완전히 주도하셨다. 그분은 아버지로부터 그 상황을 들으셨고 또 아버지의 인도하심에 순종하셨다. 그분이 겉으로는 불안해보였지만, 그분의 음성은 조금도 떨림이 없었다.

예수님을 죽이려는 유대인들의 분노가 극에 달했기 때문에 그분이 유대 땅으로 다시 가시는 것은 위험했다. 유대의 암살단은 최근에 그분을 죽이려 시도했었다. 그래서 그분은 요단강 근처에 더 오래 머무셨다.

어쩌면 이것이 마리아와 마르다가 그분에게 오시라고 청하기를 주저했던 이유였는지도 모른다. 하지만 그들은 결국 나사로가 병든 사실을 알리는 메시지를 그분께 보냈다.

예수님께서 동네 어귀에 이르셨을 때 마르다는 그녀의 성격대로 행동했다. 그녀는 그분을 만나러 충동적으로 달려가서 더 일찍 오시지 않은 것에 대해 거의 꾸짖듯이 말했다.

마리아도 그녀의 성격대로 행동했다. 그녀는 주님께 갔을 때 그분의 발 앞에 엎드려 울었다. 그 광경은 혼돈 그 자체였고, 슬픔으로 가득 찬 분위기였다. 사방이 비탄의 울음소리뿐이었다. 나사로의 죽음을 애도하러 베다니와 예루살렘 인근에서 온 여자들이 한목소리로 우는 소리였다. 하나님의 가장 큰 원수가 예수님이 사랑하신 사람을 앗아갔다. 그래서 베다니에는 죽음이 찾아왔다. 그러나 거기엔 부활도 찾아왔다.

여기에 중요한 교훈이 하나 있다. 당신이 주 예수 그리스도를 위해 집을 마련한다면, 어려움이 닥치고 위기가 찾아올 것이다. 고난도 닥칠 것이고, 심지어 **어떤 모양으로든지** 죽음이 찾아올 것이다.

고난은 어디나 존재하고 목까지 찰 정도로 다가온다. 하지만 그리스도인에게는 고난이 특별한 목적을 갖고 있다. 고난은 하나님께서 당신을 그분의 아들의 형상으로 변화시키기 위해 설계하신 깎는 도구이다. 정보는 변화를 이끌어낼 수 없다. 그리스도를 받아들이도록 우리를 인도하는 고난이 그 변화를 이끌어낸다.

30대 초반의 의지가 강한 그리스도인을 생각해보라. 그를 제프 Jeff라고 부르겠다. 제프는 설교하는 데에 타고난 재능을 갖고 있다. 사람들은 그를 쉽게 따른다. 그는 자신감이 넘치고, 자기 의견을 굽히지 않으며, 답을 주는 데 빠르다. 하지만 그가 말을 아주 잘할지라도, 당신은 그에게서 그리스도를 감지하지 못한다.

제프는 온 힘을 다해서 하나님을 섬기고 있다. 하나님은 여러 환경을 통해서 그의 인생에 위기가 닥치도록 허락하신다. 그가 이성을 잃을 정도로. 막다른 골목에 이를 때까지. 하나님은 냉담할 정도로 제프를 막으시고, 그는 허공만 치고 있다. 주님은 우리의 항해에 속도를 늦추게 하시려고 바람을 제하시는 법을 정확하게 알고 계신다.

제프는 방금 그가 이해한다고 생각했던 하나님을 만났다. 그러나 졸지에 주님은 이해되지 않고, 제프는 잠시 혼동 속에 있는 자신을 발견하게 된다. 그는 사방이 꽉 막힌 듯한 느낌을 받는다. 제한받고, 혼란스럽고, 낙담한다. 제프는 그의 사역을 잠시 중단한다. 그는 혼동 속에서 주님을 찾기 시작하고, 또한 고난을 헤쳐온 신앙의 연장자에게 상담을 받는다.

여러 해가 지나서 구름이 걷히고, 제프는 달라진다. 그는 이제 답을 주는 데 별로 빠르지 않다. 자신감은 줄고, 고집이 꺾인다. 그가 말할 때, 당신은 주님을 감지하게 된다. 당신은 예수 그리스도의 생명을 접하게 된다.

무슨 일이 일어난 것일까? 부활의 역사가 벌어졌고, 그것과 함께 변화가 일어났다. 이것을 돌에 새기듯 간직하라. 당신은 죽음 없이 부활을 경험할 수 없다. 그리고 위기 없이는 그리스도께서 주시는 변화를 통한 승리를 알 수 없다. 당신은 골짜기 없이 언덕을 알 수 없고, 잔잔한 바다에서 뱃사람을 길러낼 수 없다. 우리는 지옥의

한 구석을 통과할 때 이것을 너무 쉽게 잊어버린다.

다음은 격려의 말이다. 만일 당신이 그리스도 안에 토대를 세웠다면, 고비를 넘길 수 있다. 당신은 위기를 견뎌낼 수 있다. 당신이 흔들리지 않는 바위인 그분 위에 서 있기 때문에 완전무장을 하고 불 속을 통과할 수 있다.

하나님은 때때로 어려움에서 당신을 해방시키실 것이다. 또한 종종 그런 어려움을 통해서 당신을 해방시키실 것이다. 하지만 부활은 언제나 건너편에 있다… **만일 당신이 굳게 서서 견뎌낸다면.**

성령의 인도를 받는 사람은 비극을 마주하고, 손해에 직면하고, 얼굴에 견디기 힘든 극심한 고통이 있는 것처럼 보이는 사람이다… 그리고 자신의 토대 위에 굳게 서 있는 사람이다.

그들은 고난이 아직 그치지 않았지만, 하나님과 사람들과 천사들 앞에서 다음과 같이 말한다. "내 영혼은 평안하다. 하나님의 원수는 사력을 다해서 나를 삼키려했지만, 나는 아직도 건재하다. 나는 아직도 그리스도라는 **바위** 위에 있다. 나는 가라앉지 않았고, 아직도 굳게 서 있다. 나는 파괴되지 않았고, 망하지 않았다. 지옥이나 홍수가 올 테면 와봐라, 나는 계속해서 나의 주님을 따를 것이다. 그분은 여전히 보좌에 앉아계신다!"

"이는 … 모든 일을 행한 후에 서기 위함이라. 그런즉 서서…."엡 6:13-14 어디에? 절대로 움직이지 않는 **바위** 위에.

그러므로 친애하는 하나님의 자녀여, 용기를 잃지 말라. 만일 하나님이 우리를 위하시면 누가 우리를 대적하겠는가?롬 8:31 아무리 환경이 험악해도 당신은 전진할 수 있다.… 그분에 의해, 그분을 통해, 그분을 향해. 윈스턴 처칠이 언젠가 이렇게 말했다. "성공은 끝이 아니고, 실패도 치명적이지 않다. 중요한 것은 계속해나가는 용기이다."

예수님의 눈물

마리아가 마을 어귀에서 예수님을 만났을 때, 그분은 심령에 비통히 여기시고 편치 않으셨다. 요한복음 11:33에 "비통히"라고 번역된 헬라어 단어는 분노를 가리킨다. 하지만 예수님은 무엇에 화가 나셨을까? 어떤 사람들은 그분이 마리아, 마르다, 그리고 나사로의 죽음을 애도하던 유대인들의 불신 때문에 노하셨다고 생각한다.

그럴 수도 있다. 하지만 나는 이것을 믿기가 힘들다. 오히려 나는 예수님께서 죽음 자체와 그것이 그분께서 사랑하는 사람에게 한 짓에 화가 나셨다고 생각하는 편이다. 죽음이 그들이 소중히 여기는 사람을 그들에게서 강탈한 것, 죽음이 그들에게 형언할 수 없

는 슬픔의 고통을 가한 것, 그리고 죽음이 사랑하는 사람들을 **빼앗**
아 감으로 사랑을 훼방한 것에 분노하셨을 수도 있다.

예수님의 눈물은 우리의 슬픔에 민감하신 하나님을 보여준다.
예수님은 나사로를 죽음에서 다시 일으키실 것을 아셨지만, 그 순
간은 경험하셨다. 예수님은 곧 모든 사람의 눈에서 눈물을 마르게
하실 기적을 일으키실 것을 아셨지만, 그럼에도 불구하고 눈물을
흘리셨다. 그분은 마리아, 마르다, 그리고 마을 전체를 괴롭혔던
슬픔을 깊이 공감하셨다.

> 우리에게 있는 대제사장은 우리의 연약함을 동정하지 못하실 이
> 가 아니요, 모든 일에 우리와 똑같이 시험을 받으신 이로되 죄는
> 없으시니라. 히 4:15

이를테면 예수님은 그분의 거룩한 눈물과 그들의 눈물을 하나
로 합치셨다. 실로, 주님은 그분 자신이 눈물을 흘릴 줄 아시기에
우리의 눈에서 "모든 눈물을 닦아주실 수" 있다.

우리는 신약성서에서 예수님이 세 번 눈물 흘리신 것을 볼 수 있
다.

예루살렘을 향한 그분의 탄식의 눈물. 눅 19:41

겟세마네 동산에서 흘리신 그분의 고통의 눈물. 히 5:7

베다니에서 흘리신 그분의 동정의 눈물. 요 11:35

그리스도의 눈물을 보라. 그것은 우리 주님께서 우리가 느끼는 연약함에 공감하신다는 사실을 우리에게 알려준다. 또한 그분이 우리의 슬픔과 고난에 냉담하시지 않다는 사실을 알려준다.

하나님의 아들은 예루살렘을 향해 울음을 터뜨리셨지만, 그분의 친구의 무덤 앞에서는 조용히 흐느끼셨다. 이것은 완전한 사람의 완전한 눈물이었다.

이것을 명심하라. 예수님은 하늘 높이 오르셨을 때도 그분의 완전한 인성을 포기하시지 않았다. 그분은 오늘도 여전히 우리와 함께 눈물을 흘리신다. 왜냐하면, 그분은 "어제나, 오늘이나, 영원토록 동일"하시기 때문이다. 히 13:8

결론적으로, 예수님은 모든 사람의 마음이 불에 타거나, 피를 흘리거나, 꺾였을 때 그것을 느끼신다. 그분은 "항상 사랑하시는" 친구이다. 잠 17:17 그리스도는 하나님의 아들로서 우리를 구원하시지만, 사람의 아들로서 우리와 공감하신다.

따라서 당신이 비탄에 빠졌을 때 이것을 기억하라. **당신의 주님은 당신과 함께하시고 당신과 공감하신다.** 토마스 모어는 언젠가 이렇게 말했다. "하늘이 치유할 수 없는 슬픔은 이 땅에 없다." 예수님은 하늘이 의인화되신 분이다.

*　*　*

이 이야기에서 마르다와 마리아를 비교하는 것은 흥미로운 일이다. 마르다가 주님께 한 말이 교리적으로는 옳았다.

> 마르다가 이르되 마지막 날 부활 때에는 다시 살아날 줄을 내가 아나이다… 이르되 주여 그러하외다. 주는 그리스도시요 세상에 오시는 하나님의 아들이신 줄 내가 믿나이다.요 11:24, 27

그녀의 고백은 거의 신경creed 같이 들린다. 이와는 대조적으로, 마리아는 주님의 발 아래 엎드려서 비통하게 울었다. 그리고 예수님은 행동을 개시하셨다. 마르다는 그녀가 누구 앞에 서 있는지를 이해하지 못했다. 즉, 위대한 선생 정도가 아니고 생명의 주관자이신 분의 앞에 서 있다는 사실을 이해하지 못했던 것이다.

신경에 가까운 그녀의 고백이 교리적으로는 정확했지만, 그녀의 의심은 예수님께서 돌을 옮기라고 하신 후에 그녀가 이의를 제기할 때 확연히 드러났다. 마르다를 향해 예수님이 부활이고 생명이라고 하신 그분의 말씀은 무덤의 실재 앞에서 다 증발해버렸다. 그녀에 대한 그분의 반응은 강력한 것이었다. "내 말이 네가 믿으면 하나님의 영광을 보리라 하지 아니하였느냐?"요 11:40

우리는 마르다를 나무랄 수 없다. 그녀가 우리와 다를 바 없기 때문이다. 믿음은 우리에게 비극이 닥쳤을 때 종종 급격히 떨어진다. 그럴 때 우리는 주님의 말씀을 잊어버린다.

때로는 고백과 신경이, 그 자체로써 중요하긴 하지만, 하나님이 역사하시도록 하는 데는 충분치 않다. 오직 그분의 발 앞에 엎드려서 흘리는 눈물만이 충분할 것이다.

아울러 우리가 비극의 막다른 벼랑 끝에 서 있을 때, 우리의 영적 직관은 마비될 수 있다. 그리고 우리가 붙잡을 수 있는 유일한 것은 우리의 믿음의 고백이다. 워치만 니가 말한 것처럼 말이다. "기도 중의 최고 기도는 '내가 원하는 것'이 아니라 '주님이 원하시는 것'이다."

주는 그리스도시요 살아계신 하나님의 아들이시니이다. 마 16:16

너무 오래 기다리시는 하나님

우리는 고통 가운데 있을 때 설명을 원하지만, 예수님은 우리에게 계시를 주시기 원하신다… 예수님 자신이라는 계시를. 우리 인생의 모든 위기는 우리에게 임한 그리스도의 계시를 더 넓히고, 더 깊어지게 하고, 더 높이는 기회이다. 우리는 너무 늦기 전까지 기꺼이 기다리시는 하나님을 베다니에서 발견하게 된다.

예수님은 나사로가 죽은 지 나흘 후에 나타나셨다. 주님은 마리아와 마르다의 메시지를 받으셨을 때 아무런 행동도 취하지 않으셨다. 그분은 베다니로 향하시기 전에 베뢰아에서 이틀을 기다리시며 의도적으로 가만히 계셨다.요 10:40, 11:6 베뢰아는 원래 침례 요한이 회개를 선포하고 침례를 주었던 곳이다. 그곳은 베다니에서 하룻길, 즉 32km가 조금 넘는 거리에 위치했다.

다음을 주목하라. 예수님은 사람의 수준이나 사람의 기대에 부응하는 방식으로는 거의 반응하시지 않는다. 하지만 그분은 언제나 그분의 아버지의 시간표에 따라 행동하신다.

예수님께서 지체하신 것이 언뜻 보기에는 냉담하고 몰인정하게 보이지만, 그것은 간단하게 말해서 외적인 필요를 채우라는 인간의 압박에 대한 반응이 아닌, 아버지의 지시에 대한 반응이었다. 하나님의 일을 위해 손에 쟁기를 잡은 모든 사람은 이 원리를 잘 알고 있다.

예수님께서 의도적으로 지체하신 것이 그분이 베다니의 가족을 사랑하시지 않는다는 것을 보여주는 것은 아니다. 요한은 그리스도께서 마리아와 마르다와 나사로를 얼마나 사랑하셨는지를 세심하게 반복해서 기록했다.요 11:3, 5, 11, 36

진실로, 예수님은 결국 그 필요를 채우셨다. 그분은 다만 아무도 기대하지 않았던 방식, 즉 그분이 늘 사용하시는 특유의 방식으로 그것을 하셨다.

* * *

예수님의 기도를 주의 깊게 살펴보라.

> 예수께서 눈을 들어 우러러 보시고 이르시되 "아버지여, 내 말을 들으신 것을 감사하나이다. 항상 내 말을 들으시는 줄을 내가 알았나이다. 그러나 이 말씀 하옵는 것은 둘러선 무리를 위함이니, 곧 아버지께서 나를 보내신 것을 그들로 믿게 하려 함이니이다.
>
> 요 11:41-42

이 말씀은 우리에게 예수님의 기도 생활에 있어 통찰력을 키워준다. 그분의 기도 대부분은 내적인 것이었다. 이 특별한 경우엔 예수님께서 큰 소리로 기도하셨는데, 그것은 군중이 듣고, 이어서 벌어질 극적인 기적을 목격할 수 있게 하시기 위함이었다.

나는 다른 곳에서 예수님과 아버지 사이의 내적인 교제에 관해 다루었는데,[6] 여기서 그것을 주목할 가치가 있다. 그리고 그것은 우리를 더 심오한 진리로 인도해준다.

고린도 전서에서, 바울은 하나님의 일이 금, 은, 보석, 또는 나무,

풀, 짚에 의해 수행될 수 있다고 했다.고전 3:12 그 차이는 무게에 달려있다. 금, 은, 보석은 무겁고 썩지 않는다. 나무, 풀, 짚은 가볍고, 값싸고, 금방 타버린다. 오늘날 크리스천 사역의 상당한 부분이 나무, 풀, 짚이다. 그것을 돌리는 엔진은 인간의 필요와 지혜이다.

이스마엘은 아브라함의 조급함이 낳은 결과였다. 아브라함은 하나님을 기다리다가 점점 지쳐갔다. 그래서 아이를 낳기 위해 자신의 타고난 힘, 지혜, 수단을 총동원했다.

하지만 이스마엘은 하나님의 선택이 아니었다. 나중에 태어난 이삭이 하나님께서 택하신 아들이었다. 그리고 이삭은 부활의 원리를 따라 태어났다. 즉, 이삭은 아브라함의 몸이 "죽은 것이나 마찬가지"였고, 사라의 자궁 역시 죽은 상태였을 때 태어났다. 이삭은 하나님이 역사하셔서 나온 결과였다. 하나님이 우리 안에서, 그리고 우리를 통해서 일하시는 것은 언제나 인간의 노력과 수고를 능가한다.

요약하자면, 하나님께서 그분의 일을 시작하셔야 하고, 끝을 주관하셔야 한다.그리고 그것은 그분의 영광을 위해 되어져야 한다 그리고 마침내 그것을 성취하시는 분은 하나님이어야 한다.

> 이는 만물이 주에게서 나오고 주로 말미암고 주에게로 돌아감이라. 그에게 영광이 세세에 있을지어다. 아멘.롬 11:36

그것이 그저 "그분에게서"와 "그분에게로"뿐만 아니라, 또한 "그분으로 말미암고"라는 것을 주목하라. 그것을 회고록의 형식으로 표현하자면, 처음에 나는 하나님을 위해 일하는 법을 배웠고, 그 다음엔 하나님과 함께 일하는 법을 배웠다. 마지막으로, 나는 하나님께서 일하시는 것을 지켜보는 법을 배웠다. 이 진리는 오늘날 그리스도인들의 사역 훈련을 전문적으로 감당하는 사람들 중에서는 거의 논의되지 않는다.

* * *

내가 기억하는 한, 하나님은 내가 그분을 가장 필요로 할 때 그 자리를 떠나셔서 나를 애타게 만드는 습관이 있는 것 같았다. 환경이 힘해질 때, 그분은 종종 사라지신다. 적어도 겉으로는 그렇게 보였다.

주님은 당신이 구해달라고 요청할 때마다 항상 구해주시지 않을 것이다. 그리고 틀림없이, 그분은 언제나 당신의 시간표에 따라 역사하시지 않을 것이다. 하나님은 때때로 당신을 죽도록 놔두실 것이다. 사실 그분은 무엇을 하시기 전에 당신이 몇 배나 더 죽어 무덤 안에서 썩을 때까지 기다리실 수 있다.

그러므로 당신의 삶에서 상황이 암담해지고 탈출구가 보이지 않을 때, 당신의 삶에는 예수 그리스도의 지문이 사방에 묻어있다.

죽음은 무적이고 절망적이다. 하지만 죽은 후 나흘이 지났다는 것은 절망을 **넘어선** 것이다. 나사로의 죽음은 인간의 능력과 도움 너머에 있었다. 오직 살아계신 하나님만이 그것에 대해 뭔가를 하실 수 있다.

유대인 속설에 인간의 혼이 죽은 후 다시 몸 안으로 들어가기를 바라면서 사흘 동안 무덤 주위를 떠돈다는 믿음이 있었다. 그러나 그 혼은 나흘째 되는 날 그 몸을 영구적으로 떠나버린다는 식의 믿음이었다. 만일 1세기의 유대인들이 이것을 믿었다면, 나사로가 되살아나는 유일한 희망은 하나님의 능력의 역사였다.

이것을 주지하라. 예수 그리스도는 때때로 당신이 죽은 후 오랫동안 기다리실 것이다. 하지만 그분은 당신의 기대가 사라졌을 때, 당신이 전혀 꿈꾸지 못했던 것을 하시려고 뭔가 낯설고 예측하지 못한 방식으로 도약하시기 위해 오실 것이다.

그렇다. 하나님은 당신이 인간의 도움을 넘어선 상황에 처하도록 허락하실 것이다. 그리고 그럴 때는 그분의 은혜가 충분치 않을 것이다. 적어도 모든 증거가 이것을 가리키고 있다.

왜냐고? 그렇게 해서 주님이 그분의 부활 생명의 영광을 펼치시기 위함이다. 부활은 오직 하나님의 역사이다. 그리고 부활이 왜 항상 그분께 영광이 되는지의 이유가 바로 이것이다.

베다니에 위기 상황이 벌어져, 슬픔과 고통, 그리고 심지어 죽음까지 닥쳤다. 하지만 거기에 또한 부활의 역사가 일어났다. 그리고 주님은 우리가 기꺼이 전자를 받아들일 때까지 후자를 제공하실 수 없다. 이것은 하나님의 대동맥 안에 새겨져 있다. **그분의 부활의 능력은 언제나 그분의 고난에 참예함으로 경험된다.**

절대로 이것을 잊지 말라. 예수 그리스도는 부활이요, 생명이시다. 그리고 당신이 그분을 참을성있게 기다리면, 그분은 궁극적으로 돌을 굴리시고 당신을 죽음에서 다시 일으키실 것이다.

죽음이 강력하긴 하지만, 예수님은 전능하시다. 그리고 당신이 그것을 거의 기대하지 않을 때, 종종 그분의 충격적이고 놀라운 임재가 그 모습을 드러낼 것이다. 하지만 이것이 전부가 아니다.

멍에^{속박}에서의 해방

그것은 심장이 멎는 듯한 순간이었다. 우주를 창조하신 분이 그분의 친구의 무덤 앞에서 눈물을 흘리셨다. 그리고 부활이요 생명이신 그분이 그를 다시 살려서 일으키셨다. 요한복음 11장 44절에 등장하는 예수님의 말씀은 웅장한 위엄으로 고동친다.

"그를 풀어놓아 다니게 하라."^{KJV}

"그를 해방시켜 다니게 하라."WE

"그를 풀어주어 다니게 하라." ESV

이것이 무엇인가? 그것은 멍에에서의 해방이다. 나는 당신이 볼 수 있도록 이 이야기를 더 확대시키겠다. 신나는 드라마로 돌아가서 그 장면이 펼쳐지는 것을 지켜보자.

나사로의 생명 없는 몸을 보라. 그는 죽은 데서 끝난 것이 아니라 썩어가고 있다. 예수님은 봉인된 무덤을 곧바로 쳐다보고 계신다. 어쩌면 아버지께서 그분에게 이렇게 말씀하셨는지도 모른다. "내 아들아, 너도 이것과 똑같이 봉인된 무덤에 놓이게 될 것이다. 그리고 나는 나의 목소리와 함께 너를 다시 일으킬 것이다."

예수님은 죽음, 슬픔, 호곡, 통곡, 그리고 비탄으로 가득 찬 환경에 둘러싸여 계셨지만 당황하시지 않았다. 그분은 그분의 하나님 안에서 확신이 넘치는 요지부동의 흔들리지 않는 **바위**이다. 그분은 두려움 없이 그분의 가장 큰 원수와 마주하셨다. 주님은 삼킬 듯한 죽음의 나락과 마주하셨다. 그리고 죄의 자식인 죽음과 한판 붙기 위한 전투 준비 태세로 나사로의 무덤으로 향하셨다.

예수님께서 크게 소리를 지르셨다. 그분은 말씀으로 그분의 부활 생명을 발사하셔서 그분의 친구를 나흘 동안 붙잡고 있었던 죽음의 마수를 끊어버리셨다. 단 두 마디 "나사로야, 나오라"로, 예

수님은 슬픔의 저녁을 기쁨의 햇빛으로 탈바꿈시키셨다. 나사로
는 수의의 멍에에서 해방되어 새로운 피조물로 살아났다.

죽음의 양상은 여러 가지이다. 영적 소경, 영적 귀머거리, 흑암,
무기력, 제한적인 상태, 심판 등등. 그리고 죽음은 언제나 속박을
불러온다.히 2:15 나사로는 수의로 손과 발이 묶였고, 그의 얼굴은
수건으로 싸였다. 그는 보거나, 듣거나, 말하거나, 걸을 수 없었다.
그는 속박 상태에 있었다.

하지만 하나님의 그리스도는 생명으로, 온갖 형태로 무장한 죽
음을 만나고 물리치셨다. 그분은 죽음의 파괴자이시다. 그리고 그
분은 친구를 다시 살리신 후 군중을 향해 크게 외치셨다. "그를 풀
어놓아 다니게 하라!"

나는 여기서 두 가지를 보게 된다. 첫째, 베다니는 하나님의 사
람들이 멍에에서 자유케 되는 곳이다. 죽은 종교의 멍에, 율법주의
의 멍에, 죄의 멍에, 세상의 멍에, 죄책감과 수치의 멍에, 육신의 멍
에, 율법의 저주의 멍에, 그리고 다른 모든 멍에에서 해방되는 곳
이다.

> 그리스도께서 우리를 자유롭게 하려고 자유를 주셨으니, 그러므
> 로 굳건하게 서서 다시는 종의 멍에를 메지 말라.갈 5:1

주는 영이시니 주의 영이 계신 곳에는 자유가 있느니라.고후 3:17

죄로부터 해방되어 의에게 종이 되었느니라.롬 6:18

그 바라는 것은 피조물도 썩어짐의 종노릇 한 데서 해방되어 하나님의 자녀들의 영광의 자유에 이르는 것이니라.롬 8:21

그러므로 아들이 너희를 자유롭게 하면 너희가 참으로 자유로우리라.요 8:36

그리스도인이 알 수 있는 멍에의 형태 중 가장 힘들게 하는 것은 죄책감의 멍에이다. 그것은 마비시키고, 우울하게 만들고… 파괴적이기까지 하다. 하지만 예수 그리스도는 당신의 죄책감을 제하셨다. 그리스도의 피는 거룩한 하나님을 만족시키기에 충분해서, 그분의 눈에는 그 피가 당신이나 내가 지은 그 어떤 죄보다도 더 크게 보인다. 이런 이유로 당신의 의는 당신이 행했거나 행하지 않은 일에 기초하지 않고, 오직 그분이 하신 일에 기초한다.

그러므로 당신을 죄로부터 깨끗하게 하고, 하나님께 받음직하게 해서 그분의 "은혜의 보좌" 앞으로 들어갈 수 있게 한 그리스도의 흘리신 피 안에 거하라. 형제들의 고소자는 죄책감으로 사로잡는 권세로 당신을 마비시키려고 한다. 그러나 우리는 "어린 양의 피로써… 그들을 이겼다."계 12:11 정말로, 베다니에는 자유가 있다. 그리고 그것은 오직 예수 그리스도만이 가져오실 수 있는 자유이다.

둘째, 예수님은 나사로를 풀어주시지 않았고, 그 대신 군중을 향해 그렇게 하라고 말씀하셨다. 그것은 마치 그분이 다음과 같이 말씀하신 것과 같다. "나는 너희가 다른 사람들에게 자유를 주는 나의 일에 동참하기를 원한다. 내가 너희를 자유케 했으니, 너희는 지금 다른 사람들을 자유케 하는 나의 대리인이다. 나는 다른 사람들을 위해 멍에를 깨뜨리는 자로 너희를 불렀다."

"그를 풀어놓아 다니게 하라!"가 주님께서 베다니의 다른 사람들에게 하신 말씀이다. 주님께서 당신을 자유케 하셨으면, 그분은 다른 사람들을 자유케 할 능력을 당신에게 허락하신 것이다. 나사로가 자신을 묶었던 베를 스스로 풀 수 없었음을 주목하라. 그분은 다른 사람들로 하여금 그것을 하도록 하셨다. 우리는 스스로 자유케 될 수 없다.

이것은 부활 생명이 무엇을 하는지를 분명히 말해준다. 부활 생명은 우리를 그리스도 외의 모든 것에서 해방시켜준다. 그리고 그분은 "가서 이와 같이 하라"는 말씀을 따를 수 있도록 우리에게 그분의 부활 생명을 주신다. 즉, 다른 사람들을 죄, 심판, 죄책감, 수

치, 세상, 그리고 마귀에게서 해방시킬 수 있는 부활 생명을 우리에게 주시는 것이다.

사람들을 멍에에서 자유케 하는 것은 예수님의 사역 목록 속에 깊이 내포되어 있다.눅 4:18-21 그리고 그것은 또한 우리의 사역 목록 속에도 내포되어야 한다. 이것은 부담이 아니라 영광스러운 특권이다.

* * *

무덤 안에 있던 나사로를 큰 소리로 부르신 것은 그분이 다시 크게 외치실 마지막 날의 표지판이다.

> 진실로 진실로 너희에게 이르노니, 죽은 자들이 하나님의 아들의 음성을 들을 때가 오나니 곧 이 때라. 듣는 자는 살아나리라. 요 5:25

> 무덤 속에 있는 자가 다 그의 음성을 들을 때가 오나니.요 5:28

제자들에게 나사로가 잠들었다고 하신 주님의 말씀은 비유로 하신 말씀 그 이상이다.요 11:11 신약성서에 의하면 그리스도인들은 결코 진짜 죽음을 맛보지 않게 될 것이다.

진실로 진실로 너희에게 이르노니 사람이 내 말을 지키면 영원히 죽음을 보지 아니하리라. 요 8:51

무릇 살아서 나를 믿는 자는 영원히 죽지 아니하리니. 요 11:26

신자들에게는 죽음의 쏘는 독침이 제거되었다. 고전 15:56 따라서 우리는 죽지 않고 그냥 잠을 자는 것이다. 그리고 예수님은 부활 때에 우리를 깨우실 것이다.

이 말씀을 하신 후에 또 이르시되 우리 친구 나사로가 잠들었도다. 그러나 내가 깨우러 가노라. 요 11:11

[스데반이] 무릎을 꿇고 크게 불러 이르되, "주여 이 죄를 그들에게 돌리지 마옵소서." 이 말을 하고 자니라. 행 7:60

그러므로 너희 중에 약한 자와 병든 자가 많고, 잠자는 자도 적지 아니하니. 고전 11:30

그러나 이제 그리스도께서 죽은 자 가운데서 다시 살아나사 잠자는 자들의 첫 열매가 되셨도다. 고전 15:20

형제들아, 자는 자들에 관하여는 너희가 알지 못함을 우리가 원하지 아니하노니, 이는 소망 없는 다른 이와 같이 슬퍼하지 않게 하려 하심이라. 우리가 예수께서 죽으셨다가 다시 살아나심을 믿을진대, 이와 같이 예수 안에서 자는 자들도 하나님이 그와 함께 데리고 오시리라. 살전 4:13-14

예수께서 우리를 위하여 죽으사 우리로 하여금 깨어 있든지 자든지 자기와 함께 살게 하려 하셨느니라. 살전 5:10

* * *

요한복음 10장 24절에 의하면, 유대인들은 예수님을 에워싸고 다음과 같이 질문했다.

당신이 언제까지나 우리 마음을 의혹하게 하려 하나이까? 그리스도이면 밝히 말씀하소서.

나사로를 죽음에서 일으키시면서 기념비적으로 드러내신 주님의 신성한 능력과 영광은 그들의 질문에 대한 그분의 대답이었다.

나사로를 죽은 자 가운데서 살리신 것은 그분이 예루살렘 성 밖 언덕에서 죽음을 상대로 벌일 궁극적인 한판 대결의 전초전이었다. 그것은 마지막 결말, 곧 그리스도 자신의 부활이 있기 전의 서막이었다.

* * *

요한복음의 주제 중 하나는 생명으로서의 그리스도이다. 요한에게는 예수님이 죽음에 찌든 세상을 뒤집어엎기 위해 오신 생명의 하나님이시다. 당신은 예수님의 사역 전체를 통해 이것을 볼 수 있다. 그분은 가시는 곳마다 모든 형태의 죽음을 물리치셨다.

이 세상의 통치자들은 죽음이 그들의 가장 강력한 도구라고 알고 있다. 이것은 그들이 왜 예수님과 나사로예수님의 기적을 일으키는 능력을 드러낸 산 증인 둘 다를 죽이려고 공모했는지의 이유이다. 따라서 하나님의 통치는 생명의 주관자가 나타나셔서 이 죽음으로 가득한 세상을 물리치시는 것에 관한 것이다.

예수님은 나사로를 다시 일으키심으로 죽음이 더는 주관할 수 없음을 드러내셨다. 부활은 복음을 절정에 올려놓는다. 크리스천 메시지의 묘미는 우리에게 부활 생명이 임해서 지금 여기에서 그 생명으로 살 수 있게 되었다는 점이다.

모든 사람도 나사로처럼 병들고 죽는다. 그 자체로서는 속수무책이고 가망이 없다. 단지 무덤 안에 누워 소멸되고 썩어갈 뿐이다.

그러나 하나님은 인류를 무덤에서 새 생명과 새 창조로 일으키셔서, 그들을 꽉 붙잡고 있는 죽음의 마수에서 해방시키기를 원하신다. 그분의 뜻은 우리를 죽음의 심판으로부터 벗어나게 해서 부활의 평강과 영생의 능력으로 데리고 오시는 것이다. 이것이 바로 복음이 모든 믿는 자에게 제공하는 것이다.

이 이야기에서 마르다를 향한 예수님의 말씀은 무게가 실린 말이다. 그분은 본질적으로 이렇게 말씀하신 것이다. "소망은 네가 생각하는 것보다 훨씬 가까운 곳에 있다. 마지막 날은 이미 밝았다. 내가 곧 부활이요 생명이다."

이것이 복음이 제공하는 영광스러운 차원이다. 예수 그리스도 안에서 미래의 생명을 오늘 경험할 수 있다.

그리고 마리아를 향한 예수님의 도전은 그분이 오늘 우리 모두에게 하시는 말씀이다. "네가 이것을 믿느냐?"

잊혀진 복

예수님은 마태복음 11:6에서 이렇게 말씀하셨다. "누구든지 나로 말미암아 실족하지 않는 자는 복이 있도다." 여기서 실족한다는 말은 발을 헛디디거나 넘어진다는 뜻이다. 마르다가 어쩌면 예수님 때문에 실족해서 시험에 빠졌는지도 모르지만, 궁극적으로 그것을 극복했다.

그녀의 말을 숙고해보라. "주께서 여기 계셨더라면 내 오라버니가 죽지 아니하였겠나이다." 요 11:21

아래의 문장들을 읽고 그녀의 말을 되새겨보라.

"주여, 주께서 개입하셨더라면 이 테러 공격이 벌어지지 않았을 것입니다."

"주여, 주께서 개입하셨더라면 내가 사랑하는 사람이 병들지 않았을 것입니다."

"주여, 주께서 개입하셨더라면 이 쓰나미가 몰려오지 않았을 것입니다."

"주여, 주께서 개입하셨더라면 (이 괄호 안에 무엇이든 써넣을 것)이 벌어지지 않았을 것입니다."

"주여, 주께서 개입하셨더라면…."

당신은 이런 식으로 탄식한 적이 있는가? 만일 당신의 맥박이 뛰고 있다면, 당연히 그랬을 것이다.

마르다에게는 그녀의 주님에 의해 실족할 이유 세 가지가 있었다.

첫째, 예수님께서 나사로를 고치시기 위해 시간 안에 오시지 않았다. 둘째, 예수님에게서 온 전갈은 나사로가 죽지 않는다는 뜻으로 해석될 여지가 다분히 있었다. 셋째, 예수님은 나사로의 장례식에 나타나시지 않았다. 1세기 때는 죽은 사람을 즉시로 매장한 다음 6일 동안 애도했다. 만일 가까운 친구들이 장례식에 참석하지 않는다면, 가족과 고인을 욕보이는 일이었다.

마르다는 또한 예수님이 베다니에 도착하신 다음 마리아를 부르라고 하셨을 때 자신이 무시당했다고 느꼈을 수도 있다. 어쩌면 그녀가 속으로 이렇게 생각했는지도 모른다. **내가 무엇을 하거나 말하는 것은 거들떠 보지도 않고, 언제나 마리아만 찾으신다니까!**

아무튼 주님에 의해 실족하는 것은 우리 모두에게 해당한다. 성서는 예수님이 불순종하는 자들에게 걸려 넘어지게 하는 돌이라고 우리에게 말한다.벧전 2:8 그리스도는 지상에 계셨을 때 겉으로 종교적인 사람들을 끊임없이 넘어지게 하셨다.

하지만 예수님은 마태복음 11장 6절에서 "누구든지 나로 말미암아 실족하지 아니하는 자는 복이 있도다."라고 말씀하셨을 때, 다른 누군가를 염두에 두셨다. 그분은 제자들에게 다음과 같이 말씀하신 것이다. "나의 제자들이여, 나로 말미암아 실족하지 아니하는 너희는 복이 있도다."

침례 요한은 예수님께 완전하게 충성했다. 그는 그의 하나님을 위하여 모든 것을 포기하고 자신을 철저히 부인하는 삶을 살았다. 그리고 그 결과, 차디찬 감옥에 갇히게 되었다.

요한이 갇혀있던 감옥을 주님이 방문하셨다는 기록은 없다. 따라서 요한에게는 의문과 의심이 생겼다. 그는 아마 이렇게 생각했을 것이다. 그것이 정말 그만한 가치가 있는 것일까? 나는 메시아의 길을 예비하기 위해 내 인생 전체를 바쳤다가 지금 감옥에 갇혀있는데, 하나님 나라는 아직 오지도 않았다. 내가 그것을 놓쳐버렸을까?

요한은 궁금했고, 또 흔들렸다. 그는 주님에 의해 실족하는 유혹을 받았다. 그래서 예수님께 사람을 보내어 이렇게 질문했다. "오실 그이가 당신이오니이까? 우리가 다른 이를 기다리오리이까?" 마 11:3

예수님은 요한을 방문하는 대신 요한의 제자들을 통해 다음과 같이 대답하셨다.

> 너희는 가서 듣고 보는 것을 요한에게 알리되, 맹인이 보며 못 걷는 사람이 걸으며 나병환자가 깨끗함을 받으며 못 듣는 자가 들으며 죽은 자가 살아나며 가난한 자에게 복음이 전파된다 하라. 누구든지 나로 말미암아 실족하지 아니하는 자는 복이 있도다. 마 11:4-6

지나온 세월 동안, 나는 그리스도인들이 주님에 의해 실족하는 것을 보아왔다. 그들 중 어떤 사람들은 젊었을 때 예수님을 열정적으로 따랐지만, 나중에 그분을 저버리고 떠났다. 왜냐고? 그들이 실족하는 쪽을 택했기 때문에 실족한 것이다.

"누구든지 나로 말미암아 실족하지 않는 자는 복이 있도다." 이것은 잊혀진 복이다. 그리스도인들이 왜 하나님에 의해 실족하는지의 이유 세 가지를 아래에 소개한다.

(1) 그분은 너무 많은 것을 요구하신다.

예수님은 요한복음 16장 1절에서 제자들에게 "내가 이것을 너희에게 이름은 너희로 실족하지 않게 하려 함이니"라고 말씀하셨다. "이것" 중에 어떤 것들은 제자들이 세상으로부터 미움을 받고 핍박을 당할 것이라는 단호한 경고였다. 요 15:18

주님은 그분을 따르는 것이 장미꽃 깔아놓은 길로 인도해주지 않는다는 것을 분명히 하셨다. 그 길은 고난과 손해가 따르는 길이다. 그분은 가시를 약속하셨다.

유감스럽게도 오늘날 어떤 사람들은 힘든 부분은 제해버린 복음을 제시한다. 그 결과는 이렇다. 그리스도인들은 그들이 처한 환경을 깨달았을 때 실족하고 만다.

하지만 예수님은 그분을 따를 때 어떤 결과가 따라오는지를 우리로 하여금 미리 알게 하신다. 예수님 당대에도 그분의 제자들 중

에는 대가 지불이 너무 크다는 이유로 그분을 따르던 길을 멈춘 사람들이 있었다. 요 6:53-66

(2) 그분은 우리의 기대를 충족시키지 않는다.

주님은 종종 우리가 이해할 수 없는 방식으로 역사하신다. 나는 그리스도인들이 다음과 같이 말하는 것을 많이 들어왔다. "만일 내가 젊었을 때 예수님을 따르지 않았다면, 내 인생이 오늘 훨씬 더 나아졌을 것입니다. 지금 이 모양, 이 꼴인 나를 보십시오."

나는 나의 책『유기적 교회 세우기』에서 Catch-30 위기상황에 관해 서술했다. 우리 인생 전체에, 우리가 젊은 시절에 주님께 헌신하며 내린 결단을 재검토할 시점이 온다는 것을 지적한 것이다. 그때 우리는 더 깊이 파거나 단념하는 쪽을 택하게 된다.

이사야는 하나님의 길이 우리의 길보다 높다고 말했다. 사 55:9 주님은 우리가 헤아릴 수 없는 수준에서 일하신다. 하지만 그분은 우리의 선our good을 위해 모든 것을 하신다. 롬 8:28

"어째서 하나님은 이 기도에 응답하시지 않는가? 어째서 그분은 이 약속을 성취하시지 않는가? 어째서 그분은 나에게 이런 일이 벌어지게 하셨는가? 어째서 그분은 그또는 그녀에게 그런 일이 벌어지게 하셨는가? 어째서 하나님은 내가 그분의 음성을 가장 필요로 할 때에 침묵하시는가?" 이런 질문들이 진지한 신자들의 마음을 힘들게 한다.

만일 당신이 당신의 모든 기대에 부응하기를 거부하시는 하나님을 아직 만나지 못했다면, 그렇게 될 것이다. 그리고 그날에 당신이 어떻게 반응하는지가 당신이 예수 그리스도를 섬기는지, 아니면 산타클로스를 섬기는지를 드러낼 것이다.[7] 그것은 당신이 하나님의 약속들또는 그 약속들에 대한 당신의 해석보다 하나님을 더 사랑하는지, 그렇지 않은지를 보여주게 될 것이다.

욥은 다음과 같이 말했다. "우리가 하나님께 복을 받았은즉 화도 받지 아니하겠느냐?"욥 2:10 그것이 당신을 지옥에 보낼지라도 당신은 여전히 주님을 섬기겠는가?

히브리 소년 세 사람을 기억하라. 그들은 그들의 하나님께 충성을 바치는 삶을 살았다. 그리고 이방의 왕은 그들에게 최후통첩을 보냈다. "내가 만든 신상 앞에 엎드려 절하면 좋거니와, 너희가 만일 절하지 아니하면 즉시 너희를 맹렬히 타는 풀무불 가운데에 던져 넣을 것이니…"단 3:15

그들의 대답은 단호했다. "우리가 이 일에 대하여 왕에게 대답할 필요가 없나이다. 왕이여, 우리가 섬기는 하나님이 계시다면 우리를 맹렬히 타는 풀무불 가운데에서 **능히 건져내시겠고**, 왕의 손에서도 건져내시리이다. 그렇게 하지 아니하실지라도, 왕이여, 우리가 왕의 신들을 섬기지도 아니하고, 왕이 세우신 금신상에게 절하

지도 아니할 줄을 아옵소서."단 3:16-18

얼마나 놀라운 태도인가? 얼마나 놀라운 자세인가? 얼마나 놀라운 믿음인가? "하나님은 우리를 건져내실 것입니다. 그러나 그분이 그렇게 하시지 않아도, 우리는 **여전히** 그분을 따를 것입니다." 이 말은 모든 하나님의 자녀를 향해 천둥과 번개처럼 다가온다.

예화를 하나 들어보겠다. 언젠가는 꼭 죽을 우리는 2,000쪽짜리 책의 300쪽부터 400쪽 사이를 살고 있다. 오직 하나님만이 책 전체를 보실 수 있다. 즉, 하나님만이 이야기 전체를 보실 수 있다는 말이다. 그리고 그분은 우리에게 단지 300쪽부터 400쪽까지만 볼 수 있는 능력을 주셨다.

우리에게는 1쪽부터 299쪽 및 401쪽부터 2,000쪽까지에 있는 것을 이해할 수 있는 능력이 없다. 우리는 그저 그것들 안에 있는 것을 추측하고 가정할뿐이다. 따라서 우리는 우리가 이해할 수 없는 신비를 설명하기 위해 온갖 복잡한 신학 체계를 만들어낸다.

주님은 그분이 써내려가시는 줄거리의 모든 변화를 우리에게 보여주시지 않는다. 그래서 인생은 우리의 유한하고 제한된 이해를 통해 그분의 길을 알아내려고 노력하는 대신 주님을 신뢰하는 것으로 요약된다.

하지만 우리가 서로 함께한다면 300페이지부터 400페이지까지에 있는 것을 더 발견하고 이해할 수 있고, 그렇게 함으로써 그 안에서 더 효과적으로 사는 법을 터득할 수 있다.

베다니의 마리아는 예수님께서 왜 나사로를 고치기 위해 오시지 않았는지를 이해하지 못했다. 하지만 그녀는 그럼에도 불구하고 그분을 신뢰했다. 우리가 완전히 이해하지 못하는 하나님을 어떻게 신뢰할 수 있는지를 배우자.

(3) 그분은 시간 안에 나타나시지 않는다.

나사로의 이야기는 우리에게 이것을 확실하게 가르쳐준다. 주님이 너무 천천히 일하신다는 것. 그분이 너무 늦게 반응하신다는 것. 그분의 응답이 너무 오래 걸린다는 것. 그리고 그분의 시계가 고장난 것처럼 보인다는 것.

우리는 우리의 기도를 문자나 이메일로 하나님께 보내지만, 그분은 우리가 기대할 때 문자나 이메일로 응답하시지 않는다. 사실 우리는 때때로 그분으로부터 아무런 대답도 듣지 못한다. 마치 화면에 아무것도 나오지 않는 것처럼.

우리가 때로는 우리 삶에서 중요한 문제를 놓고 기도할 것이다…. 또는 다른 사람들을 위해 기도할 것이다… 몇 년 동안이나. 하지만 아무런 응답도 없다.

주님의 응답을 기다리다가 진이 빠질 수도 있다. 그리고 그것에 의해 실족할 수도 있다. 하지만 하나님은 언제나 완벽한 시간에 역사하신다.

요약하자면, 주님에 의해 실족하지 **않는** 비결이 여기에 있다. 그분이 모든 것을 요구하신다는 사실을 기억하라. 그리고 복과 영생과 함께 고난과 환난을 약속하셨다는 사실을 기억하라. 따라서 안일한 싸구려 복음에 팔리지 말라. 그런 것은 예수 그리스도의 복음이 아니다. 그분은 우리가 어디로 향하고 있는지를 알려주시고, 대가를 치르라고 미연에 우리를 권고하신다.눅 14:26, 막 10:28-30

그분의 길이 우리의 길보다 높다는 것을 기억하라. 그리고 그분이 무엇을 하시는지, 또는 왜 하시는지를 우리에게 항상 보여주시지 않음을 기억하라. 우리가 그분이 하시거나 허락하시는 것을 항상 이해할 수는 없지만, 여전히 그분을 신뢰할 수 있다. 이것이 보는 것이 아닌, 믿음에 의해 사는 것의 본질이다. 그분의 은혜가 충분하지 않을 때도, 지난 날을 돌아볼 때 우리는 그 은혜가 언제나 충분했음을 깨닫게 된다.

하나님이 항상 시간을 지키신다는 사실을 기억하라. 하지만 또한 그분의 시계 바늘은 우리의 것과 다르게 움직인다는 사실도 기억하라. 그분은 때때로 우리가 고침 받을 시간이 한참 지나고, 죽은 지 나흘이나 되어서야 나타나시는 주님이시다. 그냥 나사로에게 물어보라.

하나님에 의해 실족하는 것은 선택이다. 당신은 당신이 이해하지 못해서 주님에 의해 실족하는 길을 선택할 수도 있고, 아니면 "너는 마음을 다하여 여호와를 신뢰하고 네 명철을 의지하지 말라."잠 3:5라는 말씀을 따라 그분을 신뢰하는 길을 선택할 수도 있다.

겉으로 보이는 하나님의 역사, 즉 그분의 약속이라고 당신이 배워온 것을 따라 그분이 일하셔야 한다는 당신의 생각에 믿음의 기초를 둔다면, 그것은 크나큰 실수이다. 수많은 그리스도인이 주님께서 그분의 약속을 이루시기 위해 나타나시지 않는다는 이유로 그분을 떠나버렸다. 따라서 흔들리지 않는 믿음과 확고부동한 헌신을 위한 단 하나의 굳건한 기초는 무슨 일이 벌어질지라도 하나님이 계시다는 것… 그리고 그분이 "어떤 일이든 잘 하시는 분"임을 믿는 것이다.막 7:37

A. W. 토저는 다음과 같이 정확하게 표현했다. "어떤 여행이든 그 가치는 언제나 그 여정 중에 마주치는 어려움에 의해 측정될 수 있다."

예수 그리스도는 항상 놀라게 하신다. 그도 그럴 것이 만일 예수님이 당신을 놀라게 하시지 않는다면, 당신은 어쩌면 그분 안에서의 성장을 멈추었는지도 모른다.

깊도다 하나님의 지혜와 지식의 풍성함이여, 그의 판단은 헤아리지 못할 것이며 그의 길은 찾지 못할 것이로다. 롬 11:33

* * *

그러므로 베다니는 신비함과 장엄함이 충돌하는 곳이다. 그곳은 인간의 능력과 희망이 그 종말을 고하는 곳이다. 그곳은 "나는 부활이요 생명이다."라고 하신 예수님의 불멸의 선언을 살아있는 색채로 만나는 곳이다.

우리 친구 나사로가 잠들었도다. 그러나 내가 깨우러 가노라. 요 11:11

그곳은 죽음이 최종적인 발언권을 갖지 못함을 우리가 발견하는 곳이다. 예수 그리스도께 그 발언권이 있다. 그곳은 하나님의 사람들이 모든 형태의 멍에에서 자유케 되는 곳이다.

그곳은 우리의 기대를 충족시키시는 하나님이 아닌, 우리의 슬픔과 고통을 품으시는 하나님을 만나는 곳이다. 그곳은 우리가 이해할 수 없는 일들이 일어나도록 허락하시는 주님에 의해 실족하지 않는 곳이다.

그곳은 하나님께서 새로운 창조, 즉 죽음의 멍에에서 자유로운 새 생명으로 모든 것을 다시 시작하시는 곳이다. 그곳은 하나님의 아들을 높이시기로 작정하신 끈질긴 하나님을 우리가 만나는 곳이다.

이 모든 방식으로 주님은 그분의 즐거움을 위하여 우리로 하여금 베다니가 되기를 원하신다. 하지만 아직도 뭔가 더 있다.…

토론하기

1. 나사로가 베다니에서 두 번째로 예수님을 만났던 경험을 나눌 때의 이야기에서 당신에게 가장 와닿은 것들은 무엇인가?

2. 당신은 나사로의 세 친구 중 하나가 병에 관해 믿었던 것과 똑같이 믿는 사람들을 만난 적이 있는가? 그렇다면 그것에 관해 나누어보라.

3. 예수님께서 나사로를 죽은 자 가운데서 일으키신 요한의 이야기에서 당신에게 가장 강한 인상을 심어준 것은 무엇인가?

4. 예수님의 눈물에 관해 당신은 어떻게 생각하는가? 당신은 이 장에서 다룬 그 눈물에 관한 해석에 덧붙일 것이 있는가?

5. 요한복음은 우리에게 나사로가 예수님의 친구였다고 말해준다. 당신이 생각하는 참된 친구의 특징들을 나열해보라.

6. 당신이 나열한 참된 친구의 모든 특징이 나사로의 친구인 예수님
에게서 나타났는가?

7. 예수님은 나사로가 병들었다는 소식을 들으셨을 때, 인간의 필
요나 기대에 따라 행하시지 않고, 아버지의 지시에 따라 행하셨
다. 사역에 있어 이스마엘과 이삭의 원리에 관해 이야기해보라.
그리고 이것이 나사로가 병들었을 때 예수님께서 반응하신 방식
에 어떻게 적용되는지를 논하라.

제4장

베다니에서 │ 기름부음을 받다

죽었다가 다시 살아난다는 것은 기이한 일이다. 삶 자체를 그 어느 때보다도 감사하게 된다. 마르다가 만든 렌틸콩 수프가 이렇게 맛있었던 적은 없었다. 전엔 한 번도 맛있다고 생각한 적이 없었던 케이퍼 요리마저 갑자기 훌륭해졌다.

예수님께서 나를 산 자의 세상으로 되살려주신 후 몇 달이 흘렀다. 그리고 선생님은 평소 하시던 대로 예루살렘으로 가시는 길에 또다시 우리집을 방문하셨다.

그때는 우리가 몰랐지만, 이번은 그분의 지상에서의 마지막 주간을 장식한 방문이었다. 그 주간 내내 예수님은 낮에는 예루살렘에 가셨다가, 저녁이면 우리 집으로 휴식을 취하러 오셔서 제자들과 함께 밤을 보내셨다.

예수님께서 오신다는 말을 전해 들었을 때, 아버지는 내가 다시 살아난 것을 축하하기 위해 잔치를 베풀기로 하셨다. 예수님이 이 잔치의 주빈이 되신 것이다.

늘 그랬듯이 마르다가 식사 준비를 주관하였고, 마리아는 그녀를 도왔다. 만찬이 시작되기 전 마르다는 내가 예수님 곁에 앉아야 한다고 했고, 나도 기쁜 마음으로 그렇게 했다. 아버지는 식탁의 상석인 예수님의 오른편 귀빈석에 앉았다.

그날 저녁 우리 집은 그야말로 꽉 찼다. 말소리가 지붕까지 닿을 정도였다. 형형색색의 천이 거실을 장식했다. 베다니와 예루살렘에서 온 친척들을 포함해서 우리의 가장 가까운 친구들이 대거 참석했다. 우리에게 소중했던 모든 사람과의 재회의 시간이었다.

그 저녁 잔치는 유월절 엿새 전에 열렸다. 그리고 예수님은 그의 제자들을 모두 데리고 오셨다.

아버지는 "어서 오세요!"라고 큰 소리로 인사하며 손님들이 도착하는 대로 한 사람씩 맞이했다. 그의 눈은 흥에 겨워 빛이 났다.

"우리 딸들 잘 아시지요? 오늘밤 진수성찬을 맛보시게 될 것입니다!"

예수님은 여느 때처럼 마르다의 요리 솜씨를 칭찬하시며 "마르다야, 네가 구운 빵은 경쟁 상대가 없단다!"라고 말씀하셨다.

마르다와 마리아는 정성을 들인 잔치상을 준비하였다. 여러 종류의 고기를 섞은 큰 접시가 식탁 위에 놓여있었다. 다른 접시에는 여러 가지 채소에 생선, 순무, 콩, 그리고 감칠맛이 나는 소스가 곁들여 있었다. 잘 숙성된 포도주도 준비되었다.

우리는 식탁을 둘러싸고 긴 의자를 세 개씩 두 군데로 나누어 배치하였다. 예수님과 아버지, 선생님의 제자들, 그리고 나는 낮은 식탁에 둘러 앉아 쿠션으로 등을 받치고 기대었다. 나머지 사람들은 테이블 앞쪽 열린 공간에서 의자나 벤치에 앉았다. 우리는 모두 함께 먹었고, 마르다는 계속 음식을 날랐다.

예수님은 그날따라 평소보다 더 진지해보였다. 나는 식사하는 동안 계속 그분을 지켜봤는데, 식사 내내 뭔가 깊은 생각에 잠기신 것 같았다. 그분의 턱이 아래로 축 쳐져 있었다.

식사가 거의 끝나갈 무렵, 나는 뭔가 특이한 이국적인 냄새를 맡았다. 다른 사람들도 이 냄새를 맡은 것 같았지만 아무도 어디서 나는 냄새인지 알지 못했다.

별안간 아래를 봤더니, 마리아가 예수님의 발 아래 엎드려있었다. 그녀는 인도에서 난 나드가 들어있는 호리병의 좁은 목부분을 톡 부러뜨렸다. 그 나드는 일 년 치 급여와 맞먹을 정도의 가치가 있는 엄청나게 비싼 향유였다.

어머니가 돌아가시기 전에 마리아에게 이 나드를 유품으로 남기셨는데, 그때 마리아는 고작 일곱 살이었다. 이 이국적인 향유 1파운드450그램 정도가 아름다운 옥합에 담겨있었다. 이 하얀 옥합에 등잔불이 비쳐 반짝였다.

이 향유는 마리아의 결혼 자금이었기 때문에 나는 적잖게 충격을 받았다. 우리의 시선이 마리아에게 고정된 채 온 집안에 정적이 흘렀다. 도대체 그녀가 예수님의 발 앞에서 무엇을 하고 있던 것일까?

마리아는 봉인되었던 호리병을 부러뜨린 후에 선생님의 머리에 나드를 부었다. 그녀는 듬뿍, 그리고 아낌없이 부었다. 너무 많이 부어서 향유가 그분의 수염을 타고 흘렀고, 향유 방울들이 그분의 멋진 머리카락을 타고 구슬지어 떨어졌다.

마리아는 그분의 신발을 벗긴 다음, 기름부음의 의식을 치르듯이 남은 나드를 그분의 발에 부었다. 그리고 그녀의 검고 긴 머리카락으로 그분의 발을 닦았다.

곧 가시면류관을 쓰게 될 흠 없는 머리는 먼저 마리아가 부은 향유의 향기로운 냄새로 왕관을 썼다. 마리아의 옥합은 그녀의 마음에서 우러나온 감사의 표출이자 자발적인 항복의 명백한 징표였다.

쉽게 말하자면, 그 나드는 그녀의 소유 중 가장 값진 것이었다. 마리아는 수년 동안 그 나드를 아껴두었다. 하지만 아무도 예측할 수 없는 방식으로 그녀가 그것을 사용할 때가 무르익었던 것이다.

나는 예수님을 바라보았고, 그의 얼굴에는 옅은 미소가 번졌다. 마리아에게서 나온 행동의 향기로운 아름다움이 그분을 잔잔한 기쁨으로 감동시켰다. 내 무덤 앞에서 나의 누이들과 함께 눈물을 흘리셨던 주님께서 이제 우리와 식탁에 앉아 함께 기뻐하고 계셨던 것이다.

향유 냄새가 방 안을 은은하게 채우며 이제는 선생님을 완전히 압도했다. 그 기분좋은 향은 내 누이가 한 행동의 영적인 향내와도 같았다. 그리고 그것은 우리 모두에게 잊을 수 없는 표식이 되었다. 특히 예수님께 그러했다.

마르다는 조금 놀란 것 같았다. 마리아가 예수님께 향유를 부었을 때, 나는 마르다의 얼굴에 눈물이 흘러내리는 것을 보았다. 그 순간, 마르다가 얼마나 변했는지를 알게 되었다. 그녀는 여전히 음식을 나르고 있었고, 초조함이 없었다. 그녀는 여전히 극진한 대접을 하고 있었고, 더는 다른 데 신경을 쓰지 않았다. 하지만 무엇보다도 그녀는 마리아의 선생님을 향한 사랑을 이해하기 시작했다. 그리고 그녀의 행동이 그것을 확인해주었다.

머리카락을 풀어헤친 마리아의 모습이 방에 있던 모든 사람의 시선을 집중시켰다. 그녀가 무엇을 하고 있는지 이해하지 못한 사람들에게 그것은 가십거리였다. 우리 친척 중 몇 사람은 그녀를 쩨려보았다. 다른 사람들은 두려움에 뒤로 물러났다.

선생님의 제자들 중 몇몇의 얼굴에는 당황스러운 기색이 역력했다. 그러나 마리아를 이해한 사람들에게 그것은 낭비하는 사랑의 실천이었다. 나는 요한을 힐끗 쳐다보았다. 그의 눈에는 눈물이 가득 맺혀있었다. 다른 제자들은 심기가 불편해 보였다. 그들 중 몇 사람은 고개를 돌렸다.

나에게는 그날 마리아가 취한 행동의 우아함을 적절하게 표현할 말이 없다. 나는 마리아를 잘 안다. 마리아가 선생님을 향한 열렬한 사랑의 동기로 그렇게 했다는 것을. 그것은 사심없는 예배이자 진심어린 헌신을 보여주는 전시회였다. 즉, 그것은 주님을 향한 그녀의 순수한 사랑에서 비롯된 최고의 헌사였다.

그때는 우리 중 누구도 깨닫지 못했지만, 마리아는 주님의 임박한 죽음 뿐만 아니라 그분의 가치를 파악하는 데 있어 그 어떤 제자보다 더 뛰어났다. 어쨌든 마리아는 죽은 자 가운데서 나를 살리신 그분이 곧 무덤에 장사 될 것을 알고 있었다.

몇 년이 지난 후 이때의 일을 떠올리며, 예수님이 어떻게 이방인의 손에 죽임을 당하실지에 대해 얼마나 자주 우리에게 말씀하셨는지를 나는 회상하게 되었다. 우리는 그분이 무슨 말을 하시는지

이해하지 못했었다. 하지만 세심한 내 누이 마리아는 그분의 말씀을 이해했다.

* * *

몇 주 전에는 예수님께서 마리아의 슬픔을 위로하셨는데, 지금은 그녀가 자신만이 알고 있는 방법으로 그분을 위로했다. 그녀는 왕이 기름부음 받는 것과 똑같은 방식으로 그분의 머리에 향기로운 향유를 부었다.

마리아가 선생님께 드리는 아름다운 헌신을 밖으로 표현했을 때, 아버지와 나는 소리 없는 경이로움과 은밀한 경외심으로 묵묵히 지켜보았다. 예수님과 마리아는 둘 다 아무 말이 없었다.

그러나 우리는 선생님의 제자 중에 다른 생각을 갖고 있는 사람들이 있음을 알아차렸다. 유다는 내 누이의 헌신된 행동에 대해 냉정한 질책을 가했다.

"도대체 무슨 목적으로 이런 낭비를 하는가? 이 향유를 팔아서 가난한 사람들에게 나눠줄 수도 있는데!"라며 그가 책망했다.

다른 제자 몇 명도 유다의 날선 비난에 동조하며 발끈하는 소리가 들렸다. 그들은 격분한 듯했다. 마리아의 아름다운 헌신은 극심한 오해를 받았다.

유다가 말을 마치자, 정적이 흘렀다. 마리아는 그가 한 말에 대해 감정을 드러내지 않았다. 얼굴 표정은 여전했고, 눈은 계속 떨군 채였다. 그러자 예수님은 조용하고도 위엄있게 모두를 꾸짖으시며 이렇게 말씀하셨다.

"마리아를 내버려 두어라! 왜 너희들은 그녀를 괴롭히느냐? 그녀는 나를 위해 선한 일을 행하였다."

예수님은 잠시 말을 멈추셨다가, 마리아를 쳐다보며 다시 이어가셨다.

"그녀는 이 향유를 내 장사를 위하여 아껴두었다. 가난한 자들은 항상 너희와 함께 있으니, 아무 때라도 너희가 원하는 대로 그들을 도울 수 있다. 하지만 나는 너희와 항상 함께 있지 않을 것이다. 내가 진실로 너희에게 이르노니, 온 천하에 어디서든지 복음이 전파되는 곳에는 오늘 그녀가 행한 일도 말하여 그녀를 기억할 것이다."

선생님은 마리아가 무엇을 하였는지 정확히 알고 계셨다. 어쩌면 그녀 자신이 인식했던 것 이상으로. 마리아의 아름다운 섬김에 비추어볼 때, 예수님은 불만을 토로하는 것을 허락하시지 않는다. 어떠한 비난도 용납하시지 않는다. 날카롭고도 단호하게 그분은 마리아에게 가해진 부당한 공격을 공개적으로 꾸짖으시며 그녀를 변호해주셨다.

여러 해가 지난 후 요한은 유다가 가난한 자들을 생각했던 것이 아니고, 그날 저녁 그의 비난을 유발시킨 것은 그의 탐욕이었다고 나에게 말해주었다. 유다는 제자들 중에서 돈궤를 맡고 있었는데, 돈을 사랑함이 그를 집어삼켰다.

유다가 했던 말은 앞뒤가 맞지 않는 말이었다. 그는 냉담한 사람이었고 또 인색한 사람이었다. 그는 선생님의 가치를 알아보지 못했을 뿐만 아니라, 그분께 충성한 적도 없었다. 그가 했던 말은 위선자의 쓰디쓴 불만이었다.

하지만 내 누이의 멋진 행동은 구세주의 마음에 기쁨을 선사했다. 그렇기는 하지만, 나는 그녀의 슬픈 기색에서 유다의 발언이 그녀에게 상처가 되었음을 알 수 있었다. 하지만 마리아는 그녀의 성품에 걸맞게 그 어떤 변명도 하지 않았다.

나는 예수님께서 마리아를 변호하셨을 때 마음이 놓였다. 그리고 온 천하에 어디서든지 복음이 전파되는 곳에는 그녀가 행한 선한 일도 기억될 것이라고 말씀하셨을 때 나는 무척 영광스러웠다.

예수님께서 말씀을 마치신 직후에 예루살렘에서 온 큰 무리가 우리 집에 도착했다. 그들은 예수님께서 우리 집을 방문하신다는 소식을 듣고, 그분을 뵙고 싶어했다. 그리고 그분이 죽음에서 다시 살리신 나도 보고자 했다.

＊＊＊

우리 집엔 며칠 동안 향유 냄새가 떠나지 않았다. 마리아가 선생님께 향유를 부었을 때 몇 방울이 식탁 위에 튀었고, 자국까지 남겼다. 그날 이후로, 그분이 나에게 행하신 놀라운 기적 때문에 예루살렘의 많은 유대인이 예수님을 믿었다.

하지만 가야바를 위시한 대제사장들은 위협을 느끼고 나를 죽이려고 공모했다. 내가 예수님의 부활의 능력을 맛본 산 증인이었기 때문이다. 제사장들은 더 많은 수의 유대인이 그분을 믿기 시작한다면, 예루살렘성에서 그들이 차지한 기득권을 로마 사람들이 빼앗아버릴까봐 두려웠다. 그래서 그들은 자신들의 땅을 지키기 위해서 내가 죽기를 원했다. 요 12:9-11

누이들과 나는 나의 물건들을 챙겨 짐을 싸기 위해 서둘렀다. 나는 야음을 타서 베다니를 떠나 숨었다. 나는 갈릴리의 벳새다로 가서 선생님의 제자 중 하나인 빌립의 집에서 머물렀다.

몇 주가 흐른 뒤, 나는 로마 사람들이 예루살렘 성 밖에서 예수님을 사형시켰다는 소식을 들었고, 신속히 집으로 향했다. 집으로 가는 길은 멀었다. 길가에 널려있던 나귀의 분뇨 냄새가 코를 찔렀고, 모래 먼지가 내 몸을 뒤덮었다. 마침내 모퉁이를 돌아 오후의 햇살이 아른거리는 베다니의 우리 집에 도착했다.

나는 비틀거리며 뜰에 들어섰고, 마르다는 손에 큰 그릇을 든 채로 소리쳤다.

"나사로!"

내 봇짐은 바닥에 떨어졌고, 굳은살이 박인 그녀의 손을 보자 다리의 힘이 풀렸다. 눈물이 앞을 가렸다.

마르다가 "그들이 그분을 죽였어."라고 말했다.

나는 그녀를 팔로 감싸 안았다. 우리의 눈물이 바닥으로 떨어졌다.

그날 이후로, 우리는 집안에서 여전히 마리아의 향유 냄새를 맡을 수 있었다. 그리고 식탁 위의 향유 자국을 볼 때마다, 우리는 기억했다. 우리는 그분이 우리 집을 방문하셨던 모든 날과 그분이 어떻게 우리와 함께 떡을 떼셨는지를 기억했다.

우리는 마리아가 곧 다가올 그분의 장사를 위해 그분에게 향유를 부어 어떻게 그녀의 머리카락으로 그분의 발을 씻었는지를 기억했다. 우리는 그분이 마지막으로 예루살렘성을 방문하시기 전에 우리에게 가르쳐 주셨던 많은 것을 기억했다.

우리는 기억했다. … 그리고 울었다.

그러나 그 다음에 일어났던 일은 그 어떤 것보다도 놀라웠다. …

성서 본문

유월절 엿새 전에 예수님께서 죽은 자 가운데서 다시 살리신 나사로가 있는 베다니에 이르셨다. 베다니 문둥이 시몬의 집에서 주님을 위한 저녁식사를 준비하였다. 마르다는 음식을 준비하여 나르고, 나사로는 예수님과 함께 식탁에 앉은 손님들과 자리를 같이 하였다.

그때 마리아가 매우 값진 향유 곧 순전한 나드 한 옥합을 가지고 식탁에 기대앉으신 예수님께 나아왔다. 그녀가 옥합을 깨뜨려 예수님의 머리에 부었다. 또 그분의 발에 향유를 부어 자신의 머리카락으로 씻었다. 이윽고 온 집안이 향유 냄새로 가득했다.

마리아가 한 행동을 본 제자들이 분하여 "무엇 때문에 이 향유를 낭비하는가? 이것을 비싼 값을 받고 팔 수도 있었는데" 하며 마리아를 책망했다. 후에 예수님을 배반할 가룟 유다가 "이 향유를 어찌하여 삼백 데나리온에 팔아 가난한 자들에게 주지 아니하였는가?"라고 말했는데, 그가 이렇게 말한 것은 가난한 자들을 생각해서가 아니었다. 그는 돈궤를 맡고 있으면서 거기 있는 돈을 자주 훔치는 도둑이었기 때문이다.

이 모든 것을 다 알고 계신 예수님께서 그들에게 말씀하셨다. "그녀를 가만 두어라. 왜 저 여인을 괴롭히느냐? 그녀는 나를 위해 좋은 일을 행하였다. 그녀가 이 향유를 간직해 둔 것은 내 장사를 위한 것이었다. 가난한 자들은 항상 너희와 함께 있어 언제든지 원하는 대로 너희가 도울 수 있지만, 너희는 항상 나와 함께 있지 않을 것이다. 그녀는 그녀가 할 수 있는 것을 하였다. 그녀는 내 몸에 향유를 부어 내 장사를 미리 준비하였다. 내가 진실로 너희에게 말한다. 온 천하에 어디서든지 복음이 전파되는 곳에는 이 여인이 한 일도 알려져서 사람들의 기억에 남을 것이다."

수많은 유대인이 예수님께서 거기에 계신다는 말을 듣고 몰려들었다. 그들은 예수님뿐만 아니라 죽었다가 다시 살아난 나사로도 보려고 온 것이다. 그러나 대제사장들은 나사로까지 죽일 계획을 세웠다. 이것은 나사로 때문에 많은 유대인이 그들을 떠나 예수님을 믿기 때문이었다. 마 26:6-13; 막 14:3-9; 요 12:1-11 [8]

적용하기

이 땅의 저 우상들이 위장하고 있는 아름다운 옷을
무엇이 홀딱 벗겨버렸을까?
정의감도 아니요 의무감도 아니요,
오직 비길 데 없는 가치를 볼 수 있는 눈이라네.

이 이야기는 우리에게 베다니에 관한 모든 것을 한 폭에 담은 비할 데 없는 그림을 보여준다. 예수님께 경의를 표하기 위한 잔치가 벌어졌고, 거기엔 축제, 교제, 그리고 기쁨이 있었다. 그 잔치는 나병환자인 시몬의 집에서 열렸다. 그 집은 또한 마르다의 집이었다 시몬이 더는 나병환자가 아니었지만, 여전히 오명을 쓰고 있었다.

하지만 예수님은 그를 받아주셨다. 하나님의 집은 깨끗함을 받은 나병환자들로 이루어진다. 우리가 모두 다 나병환자이기 때문이다. 우리는 죄의 적절한 비유인 영적 나병이라는 지독한 병에 걸렸다. 그리고 예수 그리스도께서 우리를 깨끗하게 하셨다.

너희 중에 이와 같은 자들이 있더니 주 예수 그리스도의 이름과 우리 하나님의 성령 안에서 씻음과 거룩함과 의롭다 하심을 받았느니라. 고전 6:11

나사로도 부활의 사람으로서 거기 있었다. 하나님의 집은 또한 부활의 사람들로 이루어진다.

허물로 죽은 우리를 그리스도와 함께 살리셨고…엡 2:5

마르다는 성품을 따라 행동했다. 그녀는 섬기면서 이전처럼 염려하거나 불안해하지 않았다. 왜냐고? 마르다가 부활 안에서 섬기고 있었기 때문이다. 그녀 안에 뭔가 변화가 일어났다. 당신은 변화되지 않고 예수 그리스도 주위에 오래 있을 수 없다. 그분의 임재가 변화시키기 때문이다.

과거에는 마르다가 육신으로 섬겼지만, 그날엔 영적으로 섬겼다. 그녀는 염려하거나, 불안해하거나, 산만하지 않았다. 또한 불평하지도 않았고, 주목을 받거나 자신을 드러낼 필요없이 그녀의 주님을 섬겼다. 그녀는 다른 사람들이 하는 것이나 하지 않는 것에 초조해하지 않았다. 그녀의 섬김은 그녀의 교제에 비례했다. 그리고 그녀는 자유로웠다.

부지런함이 바람직한 특성이긴 하지만, 적절하게 조정되어서 그것을 주님께서 사용하시기 위해서는 십자가와 부활을 통과해야 한다. 바로 이것이 마르다에게 일어난 일이다.

마리아도 성품을 따라 행동했다. 그녀는 세 번째로 주님의 발 아래 있었다. 그녀는 그분의 말씀을 먹으며 기쁜 마음으로 그분의 발 아래 앉아있었다.눅 10:38-41 또한 그녀의 슬픔을 쏟아내며 서러운 마음으로 그분의 발 아래 앉아있었다.요 11:28-33 그리고 예배하는 자세로, 그녀의 사랑을 그분께 아낌없이 드리며 그분의 발 아래 앉아있었다.요 12:1-9 마리아는 주님의 그 발을 잘 알았다.

이 모든 것을 종합해서 한 발 뒤로 물러서서 보라. 당신은 무엇을 보는가? 깨끗해진 나병환자, 부활한 사람들, 변화된 종들, 낭비하며 예배하는 사람들, 형제들, 자매들, 아버지들, 그리고 제자들, 그리스도께서 머리이신 식탁에 모두 둘러앉아서 그분과 함께 축제하고, 교제하고, 기뻐하는 사람들. **이곳이 바로 베다니이다!**

장사를 위한 기름부음

나는 당신이 식탁을 보았으면 한다. 예수님께서 거기에 기대앉아 계신다.

마리아가 귀한 향유를 담은 옥합을 가지고 온다. 그것은 강한 향내가 나는, 동방에서 수입한 향유인 순전한 나드이다. 그것은 인도 북쪽의 산에서 자라는 식물인 나드의 뿌리에서 추출한 것이다.

그것은 그냥 기름이 아닌 터무니없이 비싼 향유로서 그 당시에는 소수의 여유로운 사람들만이 구입해서 즐길 수 있는 사치품이었다. 순전한 나드는 화장 또는 애정의 표시를 위해 사용될 뿐만 아니라 장례 의식에도 사용되었다. 그리고 그것은 사실상 언제나 소량으로 사용되었다.

마리아는 봉인된 옥합을 깨어 주님의 머리에 향유를 붓는다. 그분을 왕으로 여기고 기름부음을 한 것이다. 향유가 그분의 몸을 타고 흘러내려서 그분의 발에 닿았을 때, 그녀는 그분의 발에도 향유를 붓는다. 그녀가 자신을 종으로, 그분을 그녀의 주인으로 여긴 것이다.

예수님은 그 행동을 그분의 장사를 예비한 것으로 해석하시는데, 이것은 1세기의 유대인들에게는 아주 중요한 의미가 있다. 그분은 방 안에 있는 사람들에게 마리아의 충격적인 행동을 상징적인 방부처리를 한 것으로 보라고 그들을 초청하신다. 그녀가 시신에 기름부음을 하듯이 그분께 한 것이다.

마리아는 장사를 위하여 그분께 기름부음을 했다. 시신에 향품과 기름을 바르는 것은 매장을 준비하기 위한 것이었다. 썩어가는 시신의 악취를 향유로 완화시키기 위함이다. 그것은 마치 마리아가 주님이 더는 그들과 함께하시지 않을 것을 이해한 것처럼 보인다. 자신이 이해한 것을 거의 깨닫지는 못했겠지만.

마리아는 그녀의 왕이 죽으실 것을 감지했다. 유다의 왕은 왕관을 쓰기 전에 기름부음을 받았다. 여자에 의해서가 아니라, 남자 선지자에 의해 기름부음을 받았다. 이 경우는 마리아가 선지자의 역할을 맡았다.

유대인들이 발에 기름을 붓는 것은 또한 그들의 발이 여행에 지쳤을 때에 편안함과 원기 회복을 준다는 의미였다. 자신을 낮추는 헌신에서 나온 마리아의 애정어린 행동은 고통스런 시련을 앞둔 예수님을 위로했다.

측량할 수 없는 그리스도의 가치

이 향유의 가치를 생각해보라. 그것은 300데나리온의 가치가 있었다. 1데나리온은 1세기에 일반 노동자의 하루치 급여였다. 마 20:1-5 따라서 300데나리온은 1년 치 급여에 해당한다. 그것의 가치가 감이 오도록 오늘날의 단위로 환산해보자. 2020년 한국의 1인당 연간 평균 소득은 3천 5백만원 정도이다. 따라서 그 옥합에 담은 향유의 가치는 3천 5백만원에 해당한다.

마리아는 아마 그 향유를 가보로 물려받았을 것이다. 그것은 그녀의 저축, 그녀의 미래, 그녀의 안전을 대표한다. 그것을 경제적 위기가 왔을 때 팔아서 쓸 수 있었다. 이것을 염두에 두고, 내가 마리아의 낭비하는 헌신에 관해 관찰한 것 세 가지를 소개하려 한다.

(1) 마리아는 주 예수님의 최고 가치를 알아보았다.

마리아는 그녀가 가진 가장 귀한 것을 그녀의 주님께 드렸다. 단지 일부만이 아니라, 전부를 드렸다. 그녀는 옥합 안에 있는 향유 전부를 예수님께 쏟아부었다.… 로마 단위로 순전한 나드 1파운드를 부은 것이다. 로마의 1파운드는 오늘날의 340g에 해당한다.

나는 마리아가 이 귀한 향유를 그리스도를 위해 간직했다는 사실에 감동을 받는다. 그녀는 심지어 남동생이 죽었을 때도 그의 장례를 위해 그것을 사용하지 않았었다. 그 대신, 그녀는 그녀의 주님을 위한 진귀한 선물로 그것을 아껴두었다.

십자가의 그림자가 그 잔치에 맴돌고 있었다. 마리아는 본능적인 사랑과 직관적인 예측으로 예수님이 그녀의 가족과 함께할 시간이 별로 없음을 깨달았다. 그래서 그녀의 행동은 시기 적절했다고 볼 수 있다.

그것은 낭비하는 예배, 낭비하는 충성, 낭비하는 사랑, 그리고 낭비하는 헌신의 우아한 한 폭의 그림이었다. 그리고 주님 보시기에 귀중한 행동이었다.

예수님은 마리아의 사랑과 믿음을 특별한 방법으로 인정하셨다. 그분은 온 천하에 복음이 전파되는 곳에는 어디든지 그녀가 행한 일도 말하여 기억하게 하라고 하셨다. 그녀의 좋은 일은 그분의 따뜻한 칭찬을 받았고, 제왕들의 유산을 넘어선 명성으로 보상받았다. 그리고 빗발치는 비난 속에서, 예수님은 비할 데 없이 아름답고 다정한 말씀으로 마리아를 변호해주시고 칭찬해주셨다.

바울이 빌립보서 3:8에서 한 말을 상기하라.

> 또한 모든 것을 해로 여김은 내 주 그리스도 예수를 아는 지식이 가장 고상하기 때문이라. 내가 그를 위하여 모든 것을 잃어버리고 배설물로 여김은 그리스도를 얻고…. 빌3:8

예수 그리스도는 베다니에서 그분의 대단한 가치를 인정받으셨다. 베다니에서는 그분의 발 아래 놓여있는 그 어떤 것도 값비싼 것일 수 없다. 베다니에서는 우리 주 그리스도 예수를 아는 고상한 지식을 위해 모든 것을 잃어버리게 된다.

하지만 더 나아가서, 마리아가 예수님께 향유를 부은 방식은 불미스러운 것이었다. 여자가 남자들이 있는 공개석상에서 머리카락을 풀어헤치는 것은 수치스러운 일이었다. 그것은 도덕적으로 해이했음을 드러낸 것이고, 경건한 사람들의 눈쌀을 찌푸리게 하기에 충분했다.

베다니의 마리아가 향유를 부은 것과 누가복음 7장의 "죄인인 여자"가 이전에 향유 부은 것을 혼동하면 안 된다. 그 둘을 동일한 케이스로 보기에는 일치하지 않는 점이 너무나도 많다. 그 일이 일어난 장소, 그 자리에 있던 사람들, 향유를 부은 방식, 그리고 그 일이 일어난 시기가 일치하지 않기 때문이다. 아울러, 베다니의 마리아가 죄인인 여자라는 증거는 어디에도 없다. 그와는 정반대이다.

어쩌면 마리아가 이전에 예수님께 향유를 부었던 여자에 관해 듣고 깊은 인상을 받아 거기서 아이디어를 얻었는지도 모른다. 사도 이후의 그리스도인들은 죄인인 여자를 막달라 마리아라고 믿었는데, 이것은 입증될 수 없다.

이전의 사건에 관해 들었든지 그렇지 않든지 관계없이, 마리아는 공중 앞에서 그녀의 머리를 풀어헤치는 엄청난 모험을 감행했다. 이 모험은 그녀의 섬김에 대한 다른 사람들의 생각을 그녀가 염두에 두지 않았음을 드러낸 것이다.

사실인즉, 마리아의 충격적인 행동은 오늘날 영적인 사역을 지배하곤 하는 것들, 즉 죄책감, 의무감, 부담, 다른 사람들에게 감동을 주기 위함, 고마움의 대상이 되는 황홀감, 그리고 불안한 마음을 해소해줄 필요 등에 의해 생긴 것이 아니다.

그렇다. 그녀는 단 한 명의 청중을 위해 이 무모한 행동을 감행한 것이다. 그녀는 예수 그리스도의 최고 가치에 눈이 열렸다. 그리고 주님은 그것 때문에 그녀를 변호하셨고, 칭찬하셨다.

(2) 마리아는 옥합을 깨뜨렸다.

옥합을 깨뜨린 것은 아무것도 남기지 않고 전부 다 사용하겠다는 의지를 드러낸다. 옥합은 한번 열면 다시 봉인할 수 없다. 요한은 옥합이 깨졌을 때 온 집안이 향유 냄새로 가득했음을 독자들이 알기를 원했다. 여기에 커다란 영적 원리가 들어있다.

그릇이 깨어질 때, 그리스도의 향기가 풍겨나온다. 이것은 우리가 1장에서 살펴본 깨어짐의 문제를 상기시켜준다. 옥합은 아름답고 비싼 물건이었다. 하지만 달콤한 향유가 부어지고 사람들이 향내를 맡으려면 그것이 부서져야 한다.

> 우리가 이 보배를 질그릇에 가졌으니 이는 심히 큰 능력은 하나님께 있고 우리에게 있지 아니함을 알게 하려 함이라. 고후 4:7

깨어짐은 주님께서 택하신 종들의 영적 역사spiritual history를 드러내는 표식이다. 우리가 깨어짐의 내적인 깊이를 경험했을 때, 우리의 삶은 오직 주님의 삶과 함께하는 향기가 될 수 있다. 우리 안에서 뭔가가 부서졌을 때 우리의 영에 거하시는 하나님의 어떤 것이 흘러나오게 되고, 그 냄새는 놓치기 힘들다.

찰즈 스펄전은 그리스도인의 보배는 그 사람이 겪는 고통이라고 정확하게 말했다. 사람들이 주님으로 하여금 그들을 깨뜨리시도록 허용할 때, 그리고 그리스도를 위해 자신을 낭비할 때, 그들 가까이에 있는 사람들이 그리스도의 삶의 향기를 맡을 수 있다.

주님이 편하게 거하시는 집으로서의 신자들의 모임보다 더 귀한 것은 이 지구상에 존재하지 않는다. 이런 일이 벌어질 때는 언제든지, 함께하시는 그리스도의 향기가 흘러나와 그 모임을 방문하는 사람들이 맡을 수 있다. 그것은 예수님께 완전히 바쳐진 삶의 향기가 쏟아져나와 그분께로 낭비된 것이다.

* * *

시편 45편의 메시아 예언은 주님의 옷에서 몰약과 침향의 향기가 난다고 우리에게 말해준다. 예수님의 시신이 무덤에 안장되기 전에, 니고데모는 그분의 몸에 몰약과 침향을 올려놓았다. 그가 왕의 장례에 사용하는 백 근이나 되는 양을 사용한 것이다. 요 19:39 니고데모는 이렇게 함으로써 그가 예수님을 왕으로 믿었음을 증거했다.

그렇다면 나와 함께 생각해보자. 마리아가 예수님께 쏟아부은 향유 이외에 주님의 몸은 백 근이나 되는 향품으로 싸였다. 그러므로 그분이 며칠 후 죽음에서 다시 살아나셨을 때, 그분에게서 향기가 풍겼을 것이다. 그리고 그분의 향기는 멀리서도 맡을 수 있었을 것이다.

요점은 이것이다. **부활하신 그리스도는 향기를 품고 계신다. 그분은 영원한 부활의 향기를 내뿜으신다.** 오늘날 우리가 육체적으로는 그리스도의 향기를 맡을 수 없지만, 우리의 영적 감각은 우리 가운데 계신 그분의 임재를 통해 향기를 맡을 수 있다.

> 향유 냄새가 집에 가득하더라. 요 12:3

냄새를 맡는 감각은 인간의 모든 감각 중 가장 예민하다. 우리는 그 감각으로 보고 듣는 것 외의 것을 느끼게 된다. 향기는 숨길 수 없다. 그것은 구석구석 배어든다. 예수 그리스도의 향기가 퍼지면 그 영향력은 숨길 수 없다.

> 항상 우리를 그리스도 안에서 이기게 하시고, 우리로 말미암아 각처에서 그리스도를 아는 냄새를 나타내시는 하나님께 감사하노라. 우리는 구원 받는 자들에게나 망하는 자들에게나 하나님 앞에서 그리스도의 향기니. 고후 2:14-15

A. B 심슨은 언젠가 이렇게 말했다. "영적인 향기가 없이 설교하는 것은 향기가 없는 장미와 마찬가지이다. 오직 우리가 그리스도를 더 많이 얻을 때에야 비로소 향수를 얻을 수 있다."

(3) 마리아는 유다에게 비난을 받았다.

이 이야기는 유다의 유일한 설교를 포함하고 있다. 그가 비난한 말 몇 마디를 들어보라.

"어째서 이렇게 허비하는가?"

유다는 주님을 경배하는 마리아의 섬김을 보았을 때 다음과 같이 말하며 비난의 화살을 퍼부었다. "어찌하여 이 향유를 허비하는가? 당신이 얻은 행운으로 가난한 사람들을 도울 수 있었는데!"

하지만 마리아는 믿음으로 한 발을 뗀 것이다. 그녀가 한 낭비하는 사랑의 행동은 수치스럽지 않은 것이었고 또 자신을 돌보지 않은 것이었다. 그리고 그것은 당혹감 및 가혹한 비난의 비웃음과 조롱을 모두 다 감수한 것이었다. 사랑이 그녀를 강권했기 때문이다.

그러나 그녀의 행동은 옹졸한 불평에 의해 무례하게 훼방을 받았다. 그녀의 아름다운 헌신의 징표는 그녀 자신의 마음과 유다의 마음, 그리고 유다에게 호응하는 다른 제자들의 마음을 드러냈다. 유다는 그의 불평 뒤에 숨어있는 진짜 의도를 경건한 미사여구로 은폐하려 했다. 그것은 영적인 척하며 따뜻한 마음을 정죄하는 냉담한 마음의 발로였다.

유감스럽게도 이런 태도를 취하는 사람이 유다 한 명으로 그치지 않는다. 핍박과 압제 당하는 사람들을 돕는 것만큼 하나님의 마음에 가까운 것은 드물다. 구약성서를 읽어보라. 거기엔 곤경에 처한 사람들에 대한 하나님의 관심이 넘쳐난다. 예수님 자신은 이 땅에서 사시는 내내 가난하셨고, 가난한 사람들은 그분의 경쟁자가 아닌 대리자였다.

하지만 가난한 사람들을 돌보는 것이 중요하다 할지라도, 예수 그리스도가 더욱더 중요함을 알아야 한다. 예수님은 그 어떤 사역보다도 더 소중한 분이다. 그 사역이 아무리 선하고 고상하다 하더라도 말이다. 우리가 1장에서 살펴보았듯이, 그리스도를 대신해서 "사역"의 신을 섬기는 것이 가능하다. 흥미롭게도, 마리아가 기름 부음으로 강조한 주님의 죽음은 궁극적으로 가난의 문제를 영원히 해결할 것이었다.

마리아와 유다를 비교해보면 참으로 인상적이다. 우리는 마리아 안에서 사랑의 빛을 보게 되고, 유다 안에서는 죄의 어두움을 보게 된다. 마리아는 예수님을 장사burial하기 위해 기름부음을 했고, 유다는 그분을 배반하기 위한 준비를 했다. 마리아는 그리스도의 죽음을 위해 예비하며 그분께 사랑의 표시를 했고, 유다는 그분의 죽음을 도왔다.

나는 예수님께서 그분을 최고의 자리에 모시는 모든 사람을 옹호해주신다는 사실에 위안이 된다. 그분은 나서서 모든 마리아를 변호해주신다. 마리아는 오해와 모욕을 받았지만 결코 자신을 합리화하거나, 방어하거나, 해명하지 않았다. 복음서에서 그녀가 딱

한 번밖에 말한 적이 없지만, 그녀의 삶의 유산은 그녀의 행동에 의해 많은 것을 시사한다.

이런 이유로 마리아는 그 누구보다도 예수님의 마음 깊은 곳에 더 가까이 다가갔다. 그리고 사랑에서 나온 그녀의 행동은 남자들이 오해할 때 여자가 올바르게 이해한 여러 케이스 중 하나이다. 그리스도의 모든 제자는 마리아로부터 배울 것이 많다.

어째서 이것을 허비하는가?

당신이 그리스도께 드린 것은 당신의 눈에 보이는 그분의 가치의 척도이다. 예수님의 가치는 측량할 수 없다. 그것을 계산하는 것은 불가능하다. 그리고 그분에게 지나칠 정도로 가치있는 것은 아무것도 없다. 마리아는 이것을 이해했다.

예수님은 그녀에게 빗발치는 비난을 감지하시고 이렇게 말씀하셨다. "어찌하여 그녀를 괴롭게 하느냐? 그녀가 내게 좋은 일을 하였느니라."마 26:10

주님은 단순히 이렇게 말씀하신 것이다. "나는 이 향유보다 훨씬 더 가치가 있다. 가난한 사람들은 언제나 너희와 함께 있기 때문에, 너희가 원하면 언제든지 그들을 도와줄 수 있다. 내가 육체로는 너희와 항상 함께 있지 않을 것이다."

> 땅에는 언제든지 가난한 자가 그치지 아니하겠으므로, 내가 네게 명령하여 이르노니 너는 반드시 네 땅 안에 네 형제 중 곤란한 자와 궁핍한 자에게 네 손을 펼지니라. 신 15:11

낭비가 무엇인가? 그것은 필요 이상으로 주는 것이다. 낭비는 당신이 개에게 다이아몬드를 주는 것과 같다. 그것은 당신이 가치가 떨어지는 대상에게 뭔가 가치있는 것을 주는 것이다. 뭔가 가치있는 것이 다른 곳에 쓰이는 것이 더 낫다고 판단될 때, 우리는 그것을 낭비라고 부른다.

유다와 다른 사람들이 진짜로 한 말은 이것이었다. "주님은 그만한 가치가 없다." 꼭 기억하라. 당신이 당신에게 있는 가장 가치있는 것을 주 예수 그리스도께 드릴 때마다, 당신의 동료 그리스도인들 중에 그것을 낭비라고 여기는 사람들이 있을 것이다.

"당신은 어째서 진로를 준비하기 위해 대학에 진학하지 않습니까? 그 대신 어리석게 크리스천 그룹에 모든 관심과 시간을 쏟는 길을 택하며 당신의 젊음을 낭비하고 있습니까?"

"당신은 어째서 그 사람들과 결별했습니까? 그들이 좋은 직장을 갖고 있기 때문에 당신은 그들과 함께 멋진 미래를 계획할 수도 있었는데. 당신은 단지 그들이 당신과 같은 신앙을 갖지 않았다는 이유로 그 관계를 끊어버린 것입니다."

"당신은 어째서 집을 팔고 작은 집으로 이사했습니까? 고작 그 사역에 동참하기 위해! 당신은 왜 돈을 낭비합니까?"

"당신은 어째서 다니던 직장을 그만두고 다른 곳으로 이사했습니까? 단지 교회와 함께하기 위해 당신은 급여가 낮은 직업을 택했습니다. 왜 당신의 삶을 낭비합니까?"

"당신은 어째서 하나님의 일을 위해 주식 배당금을 사용했습니까? 당신은 왜 저축해놓은 돈을 낭비합니까?"

당신이 "왜 이렇게 낭비하는가?"라는 불평을 들을 때는 언제든지, 당신이 유다의 복음을 듣고 있는지 아닌지를 주의 깊게 살펴보라. 만일 당신이 그렇다면, 당신이 관심을 두어야 할 주님의 반응은 이것이다.

"그를 가만 두라….."

"그녀를 가만 두라….."

"그가 나에게 좋은 일을 하였도다."

"그녀가 나에게 좋은 일을 하였도다."

어떤 사람들이 낭비라고 여기는 것은 주님의 눈에 좋은 것이다. 이 사실을 기억하라. 당신의 인생을 낭비하는 것에서 자신을 보호하는 유일한 길은 그것을 예수 그리스도께 낭비하는 것이다.

따라서 "어째서 이렇게 낭비하는가?"라는 질문에 대한 대답은 단순히… "그리스도가 가치 있기 때문에"이다. 워치만 니는 우리가 그분께 자신을 "낭비"하지 않고는 주님을 절대로 만족시킬 수 없다고 말했다. "하나님의 손 안에서 진짜 유용한 것은 낭비에 의해 측정된다.… 그분을 위한 우리의 일은 그분에 대한 우리의 섬김에서 흘러나온다."

예수님께서 이 세상에 처음 오셨을 때 그분께 값비싼 선물들이 바쳐졌다.마 2:11 그리고 그분에게는 이 세상을 떠나시기 직전에도 값비싼 선물이 바쳐졌다.요 12:3-5 오늘날에도 그분은 여전히 우리의 최고 가치이시다. 그리고 그리스도의 머리에 기름부음을 하는 것은 여전히 비싼 대가를 요구한다.

우리가 우리의 삶 전체에서 가장 소중하게 여기는 것은 무엇이든 그분의 목표물 안에 들어간다고 나는 믿는다. 당신의 마음은 즉시 예수님을 향한 당신의 사랑의 경쟁자가 된 사람을 떠올릴 것이다. 아니면 당신이 포기해야 한다고 알고 있는 어떤 악한 것을 떠올릴 것이다. 하지만 더 교묘한 경쟁자들은 실제로 영적인 것들이다.

우리는 이미 어떤 사람들이 "크리스천 사역"을 예수 그리스도와 경쟁하는 신으로 섬긴다는 사실을 언급한 바 있다. 이것과 관련해서, 헨리 나우엔은 하나님을 향한 사랑의 주된 장애물이 하나님을 위한 섬김이라고 말했다.

하지만 또 다른 경쟁자는 신학이다. 우리가 하나님 대신 신학을 우리의 신으로 섬기는 게 가능하다. 우리는 하나님을 사랑하는 것보다 신학을 더 사랑할 수 있다.

믿기 힘들겠지만, 예배도 마찬가지이다. 우리가 주님을 사랑하는 것보다 주님을 예배하고 찬송을 부르는 행위를 더 사랑하는 것이 가능하다. 하나님을 사랑하는 것보다 하나님을 대변해서 주장하는 것변증론, 하나님을 위해 전도하는 것, 하나님에 관해 설교하는 것, 하나님에 관해 글을 쓰는 것, 그리고 하나님을 공부하는 것성서를 분석하는 것을 사랑하는 것도 가능하다.

물론 이 모든 것이 다 좋은 것들이다. 하지만 만일 그것들이 우리를 실재하는 인격이신 그리스도께로 인도하지 못한다면, 전부 우상으로 전락할 수 있다.

만일 우리 마음이 예수님의 진정한 가치를 발견하기 위해 깨어난다면, 우리는 모든 것을 그분의 발 아래 갖다 놓게 될 것이다. 여기에 뜨뜻미지근한 그리스도인을 위한 해독제가 있는 것이다.

우리의 눈은 그분의 비할 데 없는 영광을 보기 위해 열려있어야 한다. 일단 그렇게 되면 그분에게 지나치게 좋은 것은 아무것도 없음을 우리가 알게 될 것이고, 우리의 영적 무기력증과 결별하게 될 것이다.

사실, 이것은 바울이 에베소서에 기록한 멋진 기도이다. 하나님께서 "지혜와 계시의 영을 너희에게 주사 하나님을 알게 하시고"라고 했던 것 말이다.엡 1:7

많은 설교자가 하나님의 사람들을 뜨뜻미지근한 상태에서 벗어나게 하기 위해 수치심, 의무감, 그리고 정죄를 도구로 사용해서 죄책감을 불어넣으려고 노력한다. 하지만 그런 도구들은 오래가지 못한다.

그리스도를 육체의 눈으로 보지 않는 것이 영적 무관심의 치료제이다. 따라서 당신으로 하여금 그분의 위대하심을 경외하고, 그분을 경배하도록 이끄는 영광 안에서, 어떻게 그리스도를 전해야 하는지를 아는 사역에 당신 자신을 맡기라. 우리의 옥합은 그분의 비할 데 없는 가치를 볼 때 기꺼이 바쳐지게 될 것이다.

내 친구 중 하나가 언젠가 이렇게 말했다. "그분이 나를 자유케 하신 순간이 곧 나를 사로잡으신 순간이다."

무화과의 집

마리아는 토요일에 예수님께 향유를 부었다. 그리고 일요일 아침, 그분은 나귀를 타고 예루살렘에 입성하셨다.막 11:1-10 하나님의 어린 양은 시온에서 겸손한 왕으로서 공개적으로 자신을 드렸다. 그날 해가 지기 전, 그분은 예루살렘을 떠나 그분이 머무시던 베다니로 돌아오셨다.막 11:11

월요일 아침, 그분은 다시 예루살렘으로 향하셨다. 그리고 가시는 길에 시장하셔서 잎사귀가 있는 무화과나무를 보셨다. 그분이 가까이 가서 살펴보셨지만 그 나무엔 무화과 열매가 열리지 않았다.막 11:14 성서 본문은 다음과 같이 말하고 있다.

이튿날 그들이 베다니에서 나왔을 때에 예수께서 시장하신지라. 멀리서 잎사귀 있는 한 무화과나무를 보시고 혹 그 나무에 무엇이 있을까 하여 가셨더니, 가서 보신즉 잎사귀 외에 아무것도 없더라. 이는 무화과의 때가 아님이라. 예수께서 나무에게 말씀하여 이르시되, "이제부터 영원토록 사람이 네게서 열매를 따 먹지 못하리라."

그분의 제자들은 예수님께서 하신 말씀을 들었다. 그리고 무화과나무가 즉시로 말라버렸다. 그러고 나서 그들은 예루살렘으로 갔고, 예수님은 하나님의 성전에 들어가셔서 그 안에서 매매하는 자들을 전부 내쫓으셨다…. 그 다음 그들을 떠나셨고, 날이 저물 때 예루살렘을 떠나 베다니로 가셔서 거기서 묵으셨다. 이튿날 아침, 그들은 그 무화과나무를 지나갈 때 그것이 뿌리째 마른 것을 보게 되었다. 베드로가 생각이 나서 예수님께 물었다. "랍비여, 보

소서. 저주하신 무화과나무가 말랐나이다."마 21:18-22; 막 11:12-26; 눅 19:45-46

무화과나무의 잎사귀는 일반적으로 그 열매와 같은 시간에 열린다. 따라서 잎사귀는 무성한데 열매가 보이지 않는다는 것은 그것이 열매를 맺지 못하는 나무라는 뜻이다.

이 이야기에서 무화과나무는 결함이 있는 나무였다. 그리고 그것은 거짓 증거를 담고 있었다. 그것은 아무것도 없으면서 무화과 열매가 달렸다고 잎사귀가 무성하다는 사실만 보면 선전하고 있었다. 예수님은 그것을 저주하셨고 곧 말라버렸다.

주님께서 그 나무가 열매를 맺지 못했기 때문에 저주하시지 않았음을 주목하라. 그분은 그것이 거짓 증거를 담고 있기 때문에 저주하셨다. 그 무화과나무는 주님께 먹을 것을 제공할 수 없었다. 그것은 열매를 맺지 못했고, 따라서 그분의 마음을 만족시킬 수 없었다.

하지만 그분께 먹을 것을 제공할 수 있던 곳이 있었다. 그곳은 그분의 마음을 만족시킬 수 있는 곳이었다. 해질녘에 예수님은 베다니로 돌아오셨다.막 11:9; 마 21:17 그리고 베다니에서 무슨 일이 있었는가? 우리 주님께 먹을 것이 제공되었다. 그분은 섬김을 받으셨고, 사랑을 받으셨고, 만족하셨다.

아이러니한 것은 베다니의 의미가 무화과의 집이라는 사실이다. 학자들 상당수는 무화과가 이스라엘을 대표하는 나무라는 데에 뜻을 같이 한다.렘 8:13, 29:15-19; 호 9:10, 16,;미 7:1-4; 나 3:12 예수님께서 저주하신 무화과나무처럼, 이스라엘은 종교의 겉모습만 보여주었다. 하지만 실제로는 영적으로 메말랐다. 그리고 이스라엘은 하나님의 마음을 만족시킬 수 없었다.

이스라엘은 우리 주님께 먹을 것을 제공했어야 했지만, 그 대신 스스로의 배를 채우는데 급급했다. 나라 전체가 메시아를 거부했던 것이다. "자기 땅에 오매 자기 백성이 영접하지 아니하였으니." 요 1:11 그래서 그분은 심판의 상징으로서 무화과나무를 저주하셨고, 그 나무는 결코 다시 열매를 맺지 못하게 되었다.

복음서에서 예수님이 무화과나무를 저주하신 것은 성전에서 소동을 벌이신 것과 함께 언급되어 있다. 이 두 가지 다 이스라엘과 그 종교에 대한 하나님의 심판의 표지판이다. 이스라엘은 열매를 맺지 못하는 나무와 같아서 하나님의 징벌의 시기가 무르익었다. 무화과나무를 저주하신 것과 성전 소동, 이 두 사건 모두 같은 메시지를 담고 있다. 둘 다 하나님의 불만과 심판을 상징하는 극적인 비유이다.

예수님은 월요일에 무화과나무를 저주하시고 나서 얼마 후에 성전에서 소동을 일으키셨다. 화요일에는 예루살렘에 가셔서 마지막으로 사람들에게 말씀하셨고, 수요일에는 베다니에서 지내셨다. 목요일에는 예루살렘에 가서 다락방에서 유월절 잔치를 하셨고, 겟세마네 동산에서 고통스럽게 기도하셨다. 그리고 금요일에, 그분은 십자가에 못박히셨다.

실족하지 않는 자가 복이 있다

마르다가 예수님의 첫 방문에서 마리아 때문에 예수님께 불평을 했을 때, 마리아는 마르다에 의해 실족할 수도 있었다. 하지만 그녀가 그렇게 느꼈다는 암시는 어디에도 없다. 그녀는 또한 유다와 다른 제자들이 그녀의 낭비하는 섬김에 대해 항의할 때도 실족할 수 있었다. 하지만 이 경우에도 그녀가 실족했다는 암시는 어디에도 없다.

이 두 가지 상황에서 마리아에게 가해진 고통을 과소평가하는 실수를 하지 말라. 여기에 마음을 다하여 주님을 사랑하는 여자가 있는데, 그것 때문에 부당하게 비난받고 있다. 그녀의 원수들에 의해서가 아니라, 그녀의 언니, 그리고 주님의 제자들에 의해서.

그것은 나에게 옛 속담을 상기시킨다. "선한 일을 하면 꼭 대가를 치르기 마련이다." 엘버트 허바드가 한 말이 떠오른다. "비난을 피하려면 아무것도 하지 말고, 아무 말도 하지 말고, 아무것도 되지 말라."

이 두 상황에서 마리아는 그녀 자신이나 그녀의 행동을 변명하기 위해 결코 입을 열지 않았다. 그녀는 침묵 속에서 모든 것을 그녀의 주님께 맡겼다. 그리고 예수님은 그녀를 변호하셨다.

요점은 이러하다. 그리스도인들 중에 당신의 선한 행동을 깎아내리고 폄하하는 사람들이 항상 있을 것이다. T. 오스틴 스팍스는 언젠가 이렇게 말했다. "만일 당신이 화를 내고, 상처를 받고, 버럭하고, 골내고, 당신의 불만을 키우면, 당신은 죽을 것이다." 이것을 염두에 두고, 다른 사람들에 의해 실족하는 것에 관해서 내가 터득한 여덟 가지를 소개하고자 한다.

(1) 그리스도인들은 당신의 감정을 상하게 할 것이다.

인간이 타락했기 때문에 이런 일이 벌어진다. 약 3:2 사람들은 때때로 당신의 감정을 상하게 하려고 불순한 의도로 행동한다. 당신을 싫어하거나 당신에 의해 실족하기로 **선택했기** 때문이다. 때로는 그들이 그것을 깨닫지 못한 채로 당신의 감정을 상하게도 할 것이다. 내가 확신하건대, 다른 제자들이 유다의 불평에 동조했을 때 마리아의 감정을 상하게 하려 한 것은 아니었다. 그것은 단지 육신적인 판단의 결과였다.

(2) 사람들 때문에 감정이 상할 때, 당신의 영적 성숙함이 드러날 것이다.

당신은 당신의 감정이 상할 때 예수님과의 관계가 얼마나 실제적인지를 발견하게 될 것이다. 당신이 탁월한 설교자일 수 있고, 뜨겁게 예배하는 사람일 수도 있고, 대단한 복음전도자일 수도 있지만, 당신의 감정이 상하는 그 순간에, 그리고 그 후에 당신이 무엇을 하느냐가 예수님과의 관계의 실재를 드러낼 것이다.

사람들은 그들의 감정이 상할 때 둘 중의 하나로 반응한다. 주님 앞에서 그것을 다루든지, 아니면 다른 사람들을 파괴하든지. 마리아는 그것을 주님의 손에 맡겼다.

(3) 하나님은 우리의 선을 위해 부당한 대우를 사용하신다.

요셉이 그의 형들에게 당한 부당한 대우를 견뎌낸 것을 상기하라. 요셉은 그것을 하나님의 손에 맡기고 이렇게 말했다. "당신들은 나를 해하려 하였으나 하나님은 그것을 선으로 바꾸사…" 창 50:20

아비새가 다윗 왕을 저주했을 때를 기억하는가? 다윗은 그를 비방하는 사람을 죽이기로 선택하지 않고, 그 대신 그 핍박을 하나님의 주권적인 손길에 비추어 보았다. 삼하 16:11-12

로마서 8:28을 간추리면, 우리의 삶에서 벌어지는 모든 것은 그것이 선하든 악하든 관계없이, 우리에게 오기 전에 먼저 주권자이신 사랑의 하나님의 손을 거친다. 그리고 하나님은 그것을 우리의 선을 위해 사용하신다.

당신이 일단 하나님의 주권과 비뚤어진 길을 곧게 펴시는 그분의 능력 안에서 평안을 누리면, 당신을 부당하게 대우하는 사람들과 더 화평하게 될 것이다. 하나님이 혼란이나 악의 근원은 아닐지라도, 그분은 우리의 변화를 위해 모든 것을 사용하시려 한다.

예수님은 마리아를 변호하셨을 때, 그녀의 행동을 진정한 예배가 무엇을 수반하는지의 영구적인 본보기로 탈바꿈시키셨다. 2천년 후에도 우리가 여전히 그녀의 헌신에 관해 말하고 있는 것이 그 증거이다.

(4) 그리스도인들은 종종 말과 행동을 지나치게 해석하려다가 실족한다.

이것은 보통 사람들이 지나치게 예민하고 민감할 때 벌어진다. 나의 경험으로는 그리스도인이 다른 신자에게 기분이 상하는 경우가 실족하는 이유의 대부분이다.

그리스도인들은 다른 사람의 말과 행동에 쉽게 상처받거나 화를 내지 않아야 한다. 그러나 실상은 가장 쉽게 마음이 상한다. 마리아는 부당한 대우를 두 번씩이나 받았지만, 실족하지 않았다.

(5) 그리스도인들은 종종 그들을 향한 근거 없는 비난을 믿는 사람에게 상처를 받는다.

경험이 많고 지혜로우며 분별력이 있는 그리스도인들은 다른 신자들을 좋지 않게 말하는 험담을 무시해버린다. 사실, 지혜롭고 분별력이 있는 신자에게는 누군가의 입에서 헐뜯는 어조의 말이 나오는 즉시 그 말은 신뢰를 잃어버린다.

지혜롭고 분별력이 있는 신자들은 다른 사람과 문제가 있다고 생각될 때 예수님께서 가르치신 대로 의혹을 품는 대신 그 사람에게 직접 가서 물어본다.

그러나 어떤 그리스도인들은 아예 이것을 할 생각이 없다. 그들은 먼저 그 사람에게 가서 물어보지 않고 그 대신 그리스도 안의 자매나 형제의 명예를 훼손하는 의혹을 쉽게 믿어버린다.

그들이 "만일 누가 나에 대해 이런 식으로 말한다면 나는 어떻게 대우받기를 원할까?"라는 질문은 결코 하지 않을 것으로 보인다. 예수 그리스도의 삶은 항상 우리가 이 질문을 하며 살도록 인도한다. 육신은 언제나 우리를 정반대의 방향으로 인도한다.

사탄은 중상모략을 일삼는 자이고 이것이 "마귀"의 의미이다, 관계성을 파괴하기 위해 험담을 사용하는 자이다. 이것이 성서가 왜 험담을 믿는 것이 친한 벗을 이간하는 것이라고 말했는지의 이유이고, 잠 16:28 또 왜 주님께서 미워하시는 일곱 가지 중의 하나가 "형제

사이를 이간하는" 것이라고 했는지의 이유이다. 잠 6:16-19

(6) 당신이 상처를 가지고 무엇을 하는지는 당신이 선택할 사항이다.

당신은 실족하기로 선택하고 당신의 상한 감정을 친구로 사귀어서 당신과 다른 사람들을 파괴할 때까지 그것을 먹이고, 그것을 매일 데리고 다니고, 그것을 껴앉고, 그것을 보호한다. 쓴 뿌리는, 만약 살아난다면, 많은 사람을 더럽게 하고 당신의 영혼을 파괴할 것이다. 히 12:15 당신은 또한 실족하기로 선택하고 적극적으로, 또는 소극적으로 보복을 가할 수 있다.

아니면 그리스도에 의해 살기로 선택하고 당신의 상처를 하나님께로 가져갈 수 있다. 주님은 때때로 화목을 위해 당신으로 하여금 그 사람에게로 가서 정중한 태도로 대화하도록 인도하실 것이다. 마 18:15

때로는 주님께서 당신으로 하여금 그것을 오래 참고 십자가로 가져가서 떨쳐버린 후, 앞으로 나아가도록 인도하실 것이다. "노하기를 더디 하는 것이 사람의 슬기요, 허물을 용서하는 것이 자기의 영광이니라." 잠 19:11 주님은 때때로 당신이 다른 사람의 행동을 완전히 오해했음을 보여주실 것이다.

모욕이 반복될 경우엔, 내가 여기서는 그것을 다루지 않겠지만,

다른 사람들을 가담시키는 것이 종종 지혜롭고 필요한 방법이다. 다른 사람을 용서하는 것은 당신이 그 사람으로 하여금 죄를 짓게 하거나 계속해서 그들이 다른 사람들을 파괴하도록 조장한다는 뜻이 아니다.

(7) 하나님의 자녀에 의해 실족하는 것은 하나님에 의해 실족하는 것이다.

예수님은 고향 나사렛에서 말씀을 전하기 시작했을 때 그분의 이웃 사람들의 감정을 상하게 하셨다. 그들은 그분에게 걸려 넘어졌고, 그분이 진정 누구인지를 알지 못하고 거부했다. 막 6:3

다른 그리스도인에 의해 실족하기로 선택했을 때, 당신은 그들이 그리스도 안에서 누구인지를 알지 못하고 거부하는 것이다. 따라서 당신이 인식하든 하지 않든, 그것이 당신과 예수님 사이의 관계에 영향을 준다. 왜냐고? 그리스도와 그분의 몸은 연결되어 있기 때문이다. 따라서 "너희가 여기 내 형제 중에 지극히 작은 자 하나에게 한 것이 곧 내게 한 것이니라." 마 25:40라는 예수님의 말씀을 마음에 잘 새겨야 한다. 다시 말하자면, 내가 실족하는 것을 감정이 상하는 것과 똑같이 취급하고 있는 것은 아니다.

(8) 당신은 실족하는 것으로부터 벗어나서 살 수 있다.

이것은 당신이 전혀 감정이 상하지 않는다는 뜻이 아니다. 또는 전혀 화를 내지 않는다는 뜻도 아니다. 예수님도 화를 내셨다. 그분이 성전에서 분노하신 것을 기억하는가? 바울은 "분을 내어도 죄를 짓지 말며 해가 지도록 분을 품지 말고"라고 말했다.엡 4:26

분노는 누가 당신을 모욕할 때, 또는 당신이 보살피는 사람을 모욕할 때 나오는 정상적인 인간의 감정이다. 하지만 당신이 분노를 어떻게 다스리느냐가 그것이 죄인지 아닌지를 결정한다.

아울러, 우리는 항상 "듣기는 속히 하고, 말하기는 더디 하며, 성내기도 더디" 해야 한다.약 1:19 주님은 실족하지 않는 고차원적인 삶으로 우리를 부르셨다. 그리고 그분은 우리가 이 영역에서도 그분의 기쁜 뜻을 행할 수 있도록 능력과 의지를 우리에게 주셨다.빌 2:13

마리아를 기억하다

요한복음에 의하면 예수님의 사역은 잔치로 시작해서 잔치로 끝난다.[9]

베다니에서 벌어진 잔치는 복음이 전파되는 곳은 어디든지 재현되어야 한다. 왜냐고? 이 질문에 대한 대답을 내가 공저한 책들 중 하나에서 다음과 같이 제공했는데, 내가 이보다 더 잘 표현하기는 어렵다고 본다.

그들은 손으로 예수님의 머리를 쳐서 그분의 코뼈를 부러뜨렸다. 그리고 눈가리개를 한 그분의 피멍이 든 얼굴에 번갈아 침을 뱉으며 무릎을 꿇고 이렇게 희롱했다. "유대인의 왕이여, 평안할지어다." 그러고 나서, 그들은 가시관을 엮어 그분의 머리에 씌웠다. 피와 침과 땀이 그분의 얼굴을 타고 흘러내렸다. 그때 예수님은 주위를 둘러보셨다.

그분의 제자들은 어디에 있었는가?
그분을 충성스럽게 따르던 사람들은 다 어디에 있었는가?
그분이 치유하셨던 사람들은 다 어디에 있었는가?
그분이 눈을 뜨게 해주셨던 사람들, 듣게 해주셨던 사람들, 말하게 해주셨던 사람들, 사지를 회복시켜주셨던 사람들은 다 어디에 있었는가?
그것은 그분이 감당하기에 너무 힘든 것이었다.

그때 예수님은 향기를 맡으셨다….

그리고 그분의 등에서 피가 폭포수처럼 흘러내리고 그분의 피부가 혈한증으로 피가 땀처럼 나오는 증세로 이미 극도로 예민한 상태가 될 때까지 군병들이 채찍으로 그분을 때렸을 때, 그리고 그들이 도살장으로 끌려가는 짐승처럼 그분을 업신여기며 나중에 못박힐 그분의 양 손목에 70킬로그램짜리 십자가의 가로대를 지우고 그분으로 하여금 도로를 따라 비아 돌로로사Via Dolorosa의 오르막 길을 600미터나 걷게 했을 때, 예루살렘에서 골고다 언덕까지의 십자가의 길을 걸어가는 세 시간 동안 십자가의 무게가 그분의 오른쪽 어깨와 등에 피멍이 나게 했을 때, 그분은 향기를 맡으셨다.

그리고 그들이 그분을 발가벗기고 그분이 지고 왔던 십자가의 가로대에 그분을 못박았을 때, 그들이 15센티미터짜리 대못으로 그분의 손과 발의 정중 신경median nerves을 박았을 때, 그리고 그들이 골고다라고 불리는 쓰레기 더미 위에 세워놓은 십자가에 그분을 올렸을 때, 예수님은 향기를 맡으셨다.…

그리고 지나가던 모든 사람이 십자가에 달리신 그분을 모욕했을 때, 대제사장들과 서기관들, 심지어 그분과 함께 십자가에 못박혔던 강도들까지 고통 속에 있던 그분을 비웃고 희롱했을 때, 그리고 고독이 엄습해서 그분을 구할 수많은 천사를 부르려고 준비하셨을 때, 예수님은 주위를 돌아보셨다. 그분은 고통 속에서 세 명의 마리아를 겨우 알아보실 수 있었다. 그분의 어머니 마리아, 그분의 이모 마리아글로바의 아내, 그리고 막달라 마리아. 그때 그분은 향기를 맡았다.···

그리고 이미 쇼크를 일으킨 그분의 몸이 손목에 달려 있을 때, 못 박힌 발을 받치고 있던 버팀대를 딛고 무릎을 곧게 펴서 몸을 일으키시지 않으면 딸꾹질의 작은 소리조차 내실 수 없고, 계속 찬양하실 수 있도록 바싹 마른 목 "내가 목마르다!"을 축이기 위해 군병들이 줄 수 있었던 유일한 것이 신 포도주를 머금은 해융이었는데, 그것이 오히려 찬양하시는 것을 더 힘들게 해서 그분이 좋아하시던 시편31편과 22편을 읊기 위해 숨을 헐떡이실 때 ··· 예수님은 향기를 맡으셨다.

그리고 예수님은 한 여자를 기억하셨다. 그녀는 자신이 가진 모든 것을 드림으로써 예수님으로 하여금 그분을 향한 하나님의 사랑을 기억하시게 했던 여자였다. 심지어 그 향기에서 그분은 떠나왔던 집의 냄새를 맡으셨다. 그리고 그 곳으로 돌아간다는 것을 떠올리셨다.···[10]

요한복음 11장은 대제사장들이 나사로의 죽음을 모의하는 것으로 끝난다. 여기에 원리 하나가 있다. 부활 생명은 언제나 적개심을 불러일으킨다. 특히 겉모습만 무성한 종교로부터.

주님의 심장 박동

주님은 그들의 삶에서 시간을 포함한 그분에게 최고의 자리를 내어드리는 사람들의 모임을 찾고 계신다. 그분은 그분의 마음을 만족시키기 위해 필요한 것은 무엇이든 기꺼이 할 수 있는 사람들을 찾으신다. 요컨대, 그분은 자신을 낭비하며 그분을 사랑하고 예배할 사람들을 찾고 계신다. 베다니의 복음 이야기는 이 모든 것을 상징한다.

하나님은 모든 그리스도인이 베다니가 되기를 원하시고, 모든 교회가 베다니가 되기를 원하신다. 즉, 예수님을 위해 자신들을 낭비하고 그분의 마음을 만족시키는 자매들과 형제들로 구성된 확장된 가족으로서의 교회가 바로 베다니이다.… 이곳이 그분만의 "무화과의 집"이다. 이것을 위해 당신과 내가 부르심을 받았다.

이제 넷째와 마지막 이야기로 . …

토론하기

1. 나사로가 베다니에서 세 번째로 예수님을 만났던 경험을 나눌 때의 이야기에서 당신에게 가장 와닿은 것들은 무엇인가?

2. 마리아가 유다와 다른 제자들이 그녀의 헌신적인 행동을 책망했을 때 어떻게 느꼈을지를 설명해보라.

3. 누가 주님을 향한 당신의 헌신이나 섬김을 폄하하거나, 또는 그것을 낭비라고 여긴 적이 있는가? 만일 그렇다면 그것에 관해 이야기해보라.

4. 당신은 주님을 향한 다른 사람의 헌신이나 섬김을 폄하하거나, 또는 추측한 적이 있는가? 만일 그렇다면 그것을 어떻게 해결했는가?

5. 당신은 다른 그리스도인에 의해 감정을 상한 적이 있는가? 만일 그렇다면 그것을 어떻게 해결했는가?

6. 당신은 다른 그리스도인의 감정을 상하게 한 적이 있는가? 만일 그렇다면 그것을 어떻게 해결했는가?

7. 주님을 향한 당신의 사랑에 자극을 주기 위해, 이번 주간에 아래에 제안하는 것들 중 하나 이상을 연습해보라.

  * 산책을 하며 하나님의 창조에 대해 곰곰히 생각해보라. 그저 관측하기만 하고 주님을 기뻐하라.
  * 하나님께서 당신에게, 그리고 당신을 위해 하신 모든 일을 나열해보라. 그리고 시간을 내어 그것들 하나하나에 대해 그분께 감사하라.

* 예수님의 영광을 드러내는 그리스도 중심의 메시지를 듣고, 들은 것을 묵상하며 주님 앞에서 조용한 시간을 보내라.
* 골로새서 1장을 천천히 큰 소리로 읽으라. 다 읽은 후, 그 내용으로 기도하라.

위의 연습 한두 가지를 한 후에 그룹 토의에서 당신의 경험을 나누라.

제5장

베
다
니
에
서

올
라
가
다

차디찬 죽음의 손길이 나를 무덤에 나흘 동안 가두어놓은 후에, 선생님께서 나를 되살리셔서 누이들과 아버지에게 다시 돌려주셨다. 마찬가지로, 예수님이 견딜 수 없는 죽음으로 고난을 받으신 후, 하늘 아버지는 예수님을 되살리셔서 그분을 사랑했던 우리 모두에게 다시 돌려주셨다.

예수님께서 나를 죽은 자 가운데서 일으키셨으므로 나는 이것에 놀라지 말았어야 했다. 하지만 이번에는 죽은 사람이 다름아닌 예수님이셨다. 나에겐 그분을 도울 힘이 없었다. 모든 것이 절망적으로 보였다. 그리고 바로 그때 그분의 아버지께서 개입하셨다.

마르다, 마리아, 아버지, 그리고 나는 주님께서 부활하신 후 그분을 볼 수 있는 특권을 누렸다. 내가 그것을 설명하기는 어렵다. 그분은 다르게 보였지만, 이전과 같은 분이었고 우리는 그를 알아보았다.

뭔가 기이한 일이 벌어졌다.… 선생님께서 이제 부활하신 것이다. 나는 언젠가는 죽어야 하는 몸으로 다시 살아났고, 그분은 영원히 죽지 않는 몸으로 부활하셨다. 예수님은 단번에 죽음을 정복하시고, 결코 다시 죽음을 맛보시지 않을 것이다.

나는 다시 잠들게 될 것이다.… 내가 믿기에 곧 그렇게 될 것이다. 하지만 그분은 나에게 그분의 몸과 똑같은 영광스러운 몸을 주시며, 나를 다시는 죽지 않는 몸으로 살리실 것이다.

선생님은 부활 하신 후 지상에서 40일을 보내시면서 각각 다른 장소, 다른 제자들에게 나타나셨고, 그들에게 하나님 나라에 관해 가르치셨다. 예수님은 우리를 떠나셔야 할 날이 다가왔을 때, 다시 한 번 우리 고향 베다니를 방문하셨다. 이곳은 그분이 우리를 떠나시기 전 발을 디디신 마지막 장소였을 것이다.

* * *

그분이 떠나시기 일주일 전, 우리 가족은 예수님이 베다니에서 우리를 만나고 싶어하신다는 말을 전해 들었다.

"나사로! 마리아! 너희는 누가 지금 이리로 오고 있는지 믿지 못할 거야!"

내가 마르다가 외치는 소리를 들었을 때 그녀는 뜰에 있었다.

나는 일을 하다 말고 고개를 들어, 예수님께서 많은 제자를 이끌고 우리를 향해 성큼성큼 걸어오고 계심을 포착했다. 나는 마르다가 **사람이 너무 많아. 먹여야 할 입이 엄청나구나.**라고 생각하며 어깨를 치켜 올리고 부엌으로 전진할 것이라 예상했다. 그 대신 그녀는 예수님께서 걸어오시는 곳으로 달려 나갔다.

나는 마리아와 아버지를 데려왔다. 우리는 선생님과 제자들을 보려고 달려갔다. 내 심장은 놀라움으로 터질 것 같았다. **그분이 무엇을 하실까?**

우리가 동구밖에 다다랐을 때 예수님은 걸음을 멈추셨다. 그분은 하나님 나라에 관해 말씀하셨다. 그때는 우리가 그분의 말씀을 제대로 알아듣지 못하였다. 하지만 그분은 성령이 오면 우리가 모든 것을 이해하게 될 것이라고 말씀하셨다.

예수님은 말씀을 마치셨을 때 두 손을 하늘로 들어올리시고는 우리 각 사람의 머리 하나하나를 손으로 짚으셨다. 그리스도께서 우리를 축복하실 때, 우리는 그분의 사랑을 흠모하는 경이로움 안에서 안식을 누렸다.

나는 무슨 일이 일어나든지 간에 그것이 매우 중요하다는 것을 본능적으로 알았다. 내가 다시는 그분을 보지 못할지도 모른다는 생각이 머릿속을 스쳤다.

우리 중 많은 사람이 경배하는 마음으로 무릎을 꿇었다. 그러나 그 다음에 내가 본 장면은 숨이 막힐 정도였다. 우리는 무릎을 꿇은 채로 눈을 들어 그분을 바라보았다. 그 순간 하늘에서 구름이 내려와 그분을 감쌌다. 그리고 그분은 천천히 위로 올라가셨다.

우리는 그분이 위로 올라가시는 동안 그분의 발에서 떨어지는 흙먼지를 지켜보았다. 제자들 몇 사람은 놀라움에 숨을 헐떡였다. 그분이 계속 위로 올라가실 때, 그분의 몸은 저 멀리 무화과나무의 뿌리에 닿을 정도로 긴 그림자를 드리웠다. 마침내 구름은 그분을 멀리 데려갔고, 그분은 우리의 시야에서 사라지셨다. 열한 명의 제자들은 우두커니 서서 바라보고 있었다.

기이한 광경에 홀린 듯, 우리 모두는 그분이 사라진 하늘을 응시했다. 그러고 나서 우리는 두 사람이 우리 곁에 서 있는 것을 알아차렸다. 그들은 밝게 빛나는 흰옷을 입고 있었다. 그 두 사람은 열한 제자에게 다음과 같이 말했다.

"갈릴리 사람들아, 어찌하여 서서 하늘을 쳐다보느냐? 너희 가운데서 하늘로 올리우신 이 예수는 하늘로 가심을 본 그대로 오시리라." 이 말을 남긴 후, 그들은 사라졌다.

이에 베드로가 말했다.

"우리는 예루살렘의 한 다락방에서 지내고 있습니다. 주님께서 우리에게 성령이 오시기를 기다리며 기도하라고 말씀하셨습니다. 우리는 여러분 모두가 그곳에 합류해서 우리와 함께 기도할 수 있도록 초청하기를 원합니다."

모든 사람이 하나님을 찬양하기 시작했다.

"예! 예! 우리는 당신들과 합류하겠습니다." 우리 중 몇몇이 응답했다.

측량할 수 없는 기쁨으로 가득한 채로, 마르다, 마리아, 아버지, 그리고 나는 집으로 돌아왔다. 우리는 짐을 싸서 예수님께서 명하신 대로 기도하기 위해 예루살렘에 있는 제자들을 만나러 갔다.

열흘 후에 벌어진 일은 다른 때에 다룰 또 다른 이야기이다. 일단 예수님께서 우리에게로 돌아오셨다는 것만 말해 두자. 하지만 그분은 성령의 형태로 돌아오셨다.… 그분의 집을 우리 안에 짓기 위해서. **성령이 오셨을 때, 우리 각 사람은 선생님을 위한 베다니가 되었다.**

베다니라는 아주 작은 마을에서 일어났던 모든 일은 삶을 통째로 바꾸어놓는 역사의 전조였다. 오순절 바로 그날, 우리 각 사람은 지상에서 가장 하나님 마음에 드는 곳이 되었다.… 우리 자신의 마음과 삶은 주님을 위한 베다니로 지어졌다.

성서 본문

예수께서 그들을 데리고 베다니 앞까지 나가사 손을 들어 그들에게 축복하시더니, 그들이 그에게 경배하고 큰 기쁨으로 예루살렘에 돌아가 늘 성전에서 하나님을 찬송하니라. 눅 24:50-53

그들이 모였을 때에 예수께 여쭈어 이르되, 주께서 이스라엘 나라를 회복하심이 이 때니이까 하니, 이르시되 때와 시기는 아버지께서 자기의 권한에 두셨으니 너희가 알 바 아니요, 오직 성령이 너희에게 임하시면 너희가 권능을 받고 예루살렘과 온 유대와 사마리아와 땅끝까지 이르러 내 증인이 되리라 하시니라. 이 말씀을 마치시고 그들이 보는데 올려져 가시니 구름이 그를 가리어 보이지 않게 하더라. 올라가실 때에 제자들이 자세히 하늘을 쳐다보고 있는데 흰 옷 입은 두 사람이 그들 곁에 서서 이르되, 갈릴리 사람들아 어찌하여 서서 하늘을 쳐다보느냐 너희 가운데서 하늘로 올려지신 이 예수는 하늘로 가심을 본 그대로 오시리라 하였느니라.

제자들이 감람원이라 하는 산으로부터 예루살렘에 돌아오니 이 산은 예루살렘에서 가까워 안식일에 가기 알맞는 길이

라. 들어가 그들이 유하는 다락방으로 올라가니, 베드로, 요한, 야고보, 안드레와 빌립, 도마와 바돌로매, 마태와 및 알패오의 아들 야고보, 셀롯인 시몬, 야고보의 아들 유다가 다 거기 있어, 여자들과 예수의 어머니 마리아와 예수의 아우들과 더불어 마음을 같이하여 오로지 기도에 힘쓰더라. 모인 무리의 수가 약 백이십 명이나 되더라. 그 때에 베드로가 그 형제들 가운데 일어서서 이르되…. 행 1:6-15

적용하기

언젠가 우상들이 너를 사로잡고 매혹했지,

시간과 감각의 사랑스런 것들로.

그래서 금으로 옷입은 죄가 너를 홀렸지,

거기서 돌이키지 못하도록 너를 꿀로 발라버렸지.

베다니는 우리 주님의 발이 닿았던 지상에서의 마지막 지점이었다. 그분은 오순절에 성령에 의해 내려오실 때까지 거기에서 세상과 작별을 고하셨다.

하나님의 선택은 언제나 특별한 의미가 있다. 그분은 사람들이 마지막으로 그분의 얼굴을 보고 그분의 음성을 듣는 곳으로 베다니를 택하셨다. 그분은 예수님이 태어나신 곳인 베들레헴을 택하시지 않았고, 자라나신 곳인 나사렛을 택하시지 않았고, 사역의 중심지로 삼으셨던 가버나움을 택하시지도 않았다. 하나님께서 그분의 이름을 두신 거룩한 성 예루살렘을 택하시지도 않았다.

그분은 베다니를 그분이 마지막으로 밟으실 땅으로 택하셨다. 지상에서 가장 하나님 마음에 드는 곳인 베다니는 예수님의 짧은 공생애 기간 동안 그분이 환영받고, 사랑받고, 경배받으신 고을이었다. 베다니에서, 하늘은 그분에게 활짝 열려있었다.

베다니에서의 예수님의 이야기를 살펴볼 때, 우리는 베다니에서 죽음이 있었음을 발견하게 된다. 그리고 베다니에서 부활이 있었고, 또 베다니에서 승천도 있었음을 발견하게 된다.

이것은 우리에게 심오한 진리를 상기해준다. 즉, 우리와 예수님과의 연합은 예수님 자신이 경험하신 바로 그것을 우리에게로 가져다 준다. 예를 들면,

- 성령을 통해서 아버지께 드리는 우리의 기도는 그리스도의 기도이다. 롬 8:26-27, 34
- 하나님을 대표해서 우리가 다른 사람들에게 호소하는 것은 그리스도께서 다른 사람들에게 호소하시는 것이다. 고후 5:20
- 몸 안의 지체들을 향한 우리의 사랑은 지체들을 향한 그리스도의 사랑이다. 빌 1:8
- 우리가 죄에 대하여 죽은 것은 그리스도께서 죄에 대하여 죽으신 것이다. 롬 6:2-6; 고후 4:10, 5:14
- 우리의 고난은 그리스도의 고난이다. 고후 4:10-1;, 골 1:24; 빌 3:10
- 우리의 옛 사람이 장사된 것은 그리스도께서 장사된 것이다. 롬 6:4; 골 2:12
- 우리의 영적 부활은 그리스도의 부활이다. 롬 6:4; 골 2:12-13, 3:1; 엡 2:6; 빌 3:10

- 우리의 영적 승천은 그리스도의 승천이다. 엡 1:20-21, 2:6
- 우리의 영적 영광은 그리스도의 영광이다. 롬 8:30
- 우리가 영적으로 왕 노릇하는 것은 그리스도께서 왕 노릇하시는 것이다. 롬 5:17; 엡 1:20-21, 2:6

그리스도의 몸에 속한 사람들은 예수님과 완전하게, 그리고 끊을 수 없이 동일시되고, 통합되고, 영원히 연합되었다. 따라서 그분의 역사는 우리의 역사이고, 그분의 운명은 우리의 운명이다. 베다니에서 벌어졌던 핵심적인 사건들은 우리에게 이 진리를 상기시켜준다.

승천의 의미

승천의 분위기를 숙고해보라. 예수님은 제자들에게 손을 얹고 축복하셨다. 이것은 대제사장이 이스라엘 백성을 축복했던 방법이다. 여기에서 우리는 하늘에 오르셔서 영원한 대제사장의 역할을 하시는 예수님의 이미지를 엿볼 수 있다.

그러므로 그가 범사에 형제들과 같이 되심이 마땅하도다. 이는

하나님의 일에 자비하고 신실한 대제사장이 되어 백성의 죄를 속량하려 하심이라. 히 2:17

그러므로 함께 하늘의 부르심을 받은 거룩한 형제들아, 우리가 믿는 도리의 사도시며 대제사장이신 예수를 깊이 생각하라. 히 3:1

그러므로 우리에게 큰 대제사장이 계시니, 승천하신 이 곧 하나님의 아들 예수시라. 우리가 믿는 도리를 굳게 잡을지어다. 히 4:14

그리로 앞서 가신 예수께서 멜기세덱의 반차를 따라 영원히 대제사장이 되어 우리를 위하여 들어가셨느니라. 히 6:20

이러한 대제사장은 우리에게 합당하니 거룩하고, 악이 없고, 더러움이 없고, 죄인에게서 떠나 계시고, 하늘보다 높이 되신 이라. 히 7:26

지금 우리가 하는 말의 요점은 이러한 대제사장이 우리에게 있다는 것이라. 그는 하늘에서 지극히 크신 이의 보좌 우편에 앉으

섰으니. 히 8:1

나는 마리아, 마르다, 나사로, 그리고 시몬이 오순절의 다락방뿐만 아니라 베다니에서 주님이 승천하실 때 함께했던 120명의 제자들 중에 있었다고 믿는다. 우리는 누가복음 24장과 사도행전 1장을 종합해볼 때 이것을 추론할 수 있다.

주님께서 하늘로 올라가신 후에, 그분의 제자들은 기쁨으로 충만했다. 그리고 그들은 살아계신 하나님을 예배하기 위해 성전 뜰에서 정기적으로 모임을 계속했다. 즉, 그들은 지상에서 그리스도의 베다니가 되기를 계속했다.

보좌 위에 계시는 예수님

예수님의 승천은 그분이 지금 보좌에 계신다는 뜻이다. 그분은 모든 능력과 위엄의 하나님 우편에 앉아서 하늘의 왕과 땅의 주인으로서 통치하고 계신다.

주 예수께서 말씀을 마치신 후에 하늘로 올려지사 하나님 우편에 앉으시니라. 막 16:19

이는 하나님의 영광의 광채시요 그 본체의 형상이시라. 그의 능력의 말씀으로 만물을 붙드시며 죄를 정결하게 하는 일을 하시고 높은 곳에 계신 지극히 크신 이의 우편에 앉으셨느니라. 히 1:3

예수님의 부활은 새 창조의 원형이고, 그분의 승천은 그분을 세상의 주인으로 보좌에 모시는 것이다. 그분의 부활은 그분이 새 창조를 시작하신다는 것을 우리에게 말해주고, 그분의 승천은 그분이 지금 주관하고 계시다는 것을 말해준다.

따라서 당신에게 그 어떤 좌절, 위기, 슬픔, 또는 고통이 닥친다 할지라도, 이것을 기억하라. **나사렛 예수는 여전히 보좌 위에 계신다**. 그리고 그분은 완전히 주관하고 계신다.

그러므로 너희가 그리스도와 함께 다시 살리심을 받았으면 위의 것을 찾으라. 거기는 그리스도께서 하나님 우편에 앉아 계시느니라. 골 3:1

누가 정죄하리요. 죽으실 뿐 아니라 다시 살아나신 이는 그리스도 예수시니, 그는 하나님 우편에 계신 자요 우리를 위하여 간구하시는 자시니라. 롬 8:34

어쩌면 더욱더 고무되는 것은 그리스도께서 승천하셨을 때 모든 것의 머리가 되셨다는 사실일지도 모른다. 그리고 모든 것은 그분의 발 아래 놓여있다. 바울은 우리도 그리스도와 함께 승천해서 그분과 함께 하늘에 앉아있다고 말했다. 엡 1:20-23, 2:5-6

그리스도인들은 환란에서 구출되거나 문제들에서 해방된 것이 아니다. 우리에게는 그런 것들을 초월하는 하늘에서의 삶이 주어졌다.

만일 당신이 하늘에 있는 그리스도의 자리를 취한다면, 당신의 기도 생활은 극적으로 변화될 것이다. 당신이 더는 하나님께 당신을 뭔가 다른 것으로 만들어달라는 빈약하기 짝이 없는 요구를 하지 않게 될 것이다. 그 대신 당신은 그리스도와 함께 왕 노릇하는 위치에서 기도하게 될 것이다. 즉, 그분이 이미 그분 안에서 당신을 만드신 그것을 감사함으로 취하는 기도를 하게 될 것이다.

"주님, 저를 … 만들어 주옵소서"에서 "주님, 주님은 … 그리고 저는 주님께서… 하신 것을 감사합니다"로 바뀌게 된다.

우리는 그리스도와 함께 하늘에 앉아있다. 그리고 모든 것이 그분의 발 아래 놓여있기 때문에 모든 것은 또한 우리의 발 아래도 놓여있는 것이다. 이 사실을 서로 상기시키고 함께 그것을 믿는 것이 우리의 과제이다.

하늘과 땅의 모든 권세는 승천하신 우리 주님에게 주어졌다.

그리고 놀랍게도 그분은 그 권세를 교회에게도 주셨다. 마 28:1; 엡 1:22-23 그렇다면 베다니는 영적 승천의 장소이다.

베다니의 능력을 이끌어내다

주님께서 승천하시자마자 즉시로 천사가 나타나 예수님께서 하늘로 가신 그대로 오실 것이라고 전했다.

스가랴 14장의 예언이 이 말을 이해하는데 도움을 주는 듯하다.

> 그날에 그의 발이 예루살렘 앞 곧 동쪽 감람산에 서실 것이요, 감람산은 그 한 가운데가 동서로 갈라져 매우 큰 골짜기가 되어서 산 절반은 북으로, 절반은 남으로 옮기고. 슥 14:4

베다니가 감람산 기슭에 위치했음을 기억하라.

예수 그리스도께서 이 땅으로 다시 오실 때 그분이 떠나셨던 바로 그 장소로 오실까? 그분이 감람산 기슭의 베다니로 다시 오실까? 만약 그렇다면, 이것이 영적 베다니가 주님께서 찾으시는 것이고 또 그분을 다시 오시도록 하는 것이라는 분명한 메시지를 보내는 것은 아닐까?

나는 그렇다고 믿는다. 베다니에는 영적으로 이끌어내는 능력이 있다. 주님은 이 땅 전체에서 영적 베다니들을 보실 때, 그분에게 속한 사람들을 위해 다시 오실 것이다. 그들이 그분을 영접할 것이기 때문이다. 그분은 하늘과 땅에 있는 모든 것의 머리로서 이 땅을 취하실 것이다.[11] 그분은 세상을 그분 자신을 위한 안식처 곧 그분이 거하실 곳으로 삼으실 것이다.계 21:1-3

주님이 이 땅에서 마지막으로 보였을 때 베다니 위로 하늘이 열렸었다. 오늘날도 여전히 예수 그리스도를 위해 베다니가 되기로 선택하는 사람들에게는 언제든지 하늘은 열려있다. 그분은 땅에 계셨을 때와 마찬가지로 그분을 온전히 영접하는 곳으로 돌아오실 것이다.

하지만 우리가 고려해야 할 것이 하나가 더 있다.…

토론하기

1. 나사로가 베다니에서 네 번째로 예수님을 만났던 경험을 나눌 때의 이야기에서 당신에게 가장 와닿은 것들은 무엇인가?

2. 당신은 왜 예수님께서 베다니를 승천하실 곳으로 택하셨다고 생각하는가?

3. 그리스도와 함께 일으킴을 받았다는 사실에 실제로 함축된 의미는 무엇인가?

4. 그리스도와 함께 하늘에 앉아있다는 사실에 실제로 함축된 의미는 무엇인가?

5. 오늘날 예수님이 우리의 대제사장이라는 사실에 실제로 함축된 의미는 무엇인가?

6. 당신은 복음서의 내용 중 감람산에서 벌어진 다른 일들을 생각해 낼 수 있는가?

7. 당신은 예수님께서 말 그대로 베다니로 돌아오실 것이라고 생각 하는가? 왜 그렇게 생각하는가, 아니면 왜 그렇게 생각하지 않는 가?

제6장

베
다
니
를

고
대
하
다

　베다니는 선생님에게 너무나 소중했다. 그것이 그분에게 소중했던 이유는 어떤 가족이 그곳에 살았기 때문인데, 그 가족의 일원이라는 것이 내게는 더할 나위 없는 영광이었다.

　베다니가 변변찮고, 이름도 없고, 인적이 드문 곳이었지만, 예수님은 나의 집을 그분이 지상에서 가장 사랑하는 안식처로 삼으셨다. 그곳은 인자가 머리를 둘 수 있었던 유일한 곳이었다. 베다니는 그리스도를 적대시하는 세상 가운데 그분의 오아시스와도 같은 곳이었다. 그곳에서 그분은 휴식을 취하시고, 사색하시고, 마음의 평안과 안식을 찾으실 수 있었다. 그곳은 만물을 창조하신 분을 사랑하고 받아들이는 성소였다.

우리가 그분을 우리 집에 모셨을 때의 그 소중한 시간들을 되짚어 보면, 나는 베다니가 그분이 거부할 수 없는 매력을 지녔다고 생각하지 않을 수 없다. 나는 예수님께서 마음 놓고 휴식을 취하시며 아끼시던 은신처에서, 곧 베다니에 있는 우리의 평온한 집에서 마지막 일주일을 보내신 것에 감사드린다.

* * *

예수님의 초기 사역은 매우 짧지만 강렬했다. 선생님은 수많은 세월이 걸려야 될 일을 단 3년으로 몰아넣으셨다. 그것은 몹시 고되고 긴장과 초조와 압박이 넘치는 일이었다.

그분의 제자들도 고락을 공유했다. 나는 그들의 예민해진 신경, 그들의 피로, 그리고 오해와 비난과 공격을 받아서 오는 고통을 직접 목격했다. 그들은 고독한 길을 걸었다.

베다니에서 예수님과 그분의 첫 제자들은 위안과 안식을 얻었다. 그들은 나의 누이들이 그들을 위해 따뜻한 음식을 준비했던 우리 집에서 올리브나무에도 오르고, 편히 잘 수도 있었다. 그 마을은 예루살렘의 고초에서 벗어난 조용하고도 평화로운 휴식처였다. 예루살렘이 아닌 베다니가 주님의 거처가 되었다. 애석하게도 그분은 거룩한 성에서는 평화로운 밤을 지내실 수가 없었다.

하지만 그분은 우리 마을과 집에서 항상 따뜻한 영접과 후한 대접을 받았다. 그것은 마치 가시덤불 속의 백합과도 같았다. 그분을 거부하는 세상 속에 있는 그분의 거처였다. 이런 이유들로 나는 베다니에 살았었다는 사실에 감사한다. 나는 이곳에서 태어났고, 이곳에서 죽을 것이다. 지상에서 가장 주님의 마음에 드는 곳에 살았다는 것이 나에겐 더없는 영광이다.

이야기를 끝내면서 부탁하고 싶은 말은 마르다의 유산을 꼭 기억해달라는 것이다. 예수님께서 부활이요 생명이신 그분의 신비를 최초로 드러내신 대상이 다름 아닌 여자, 곧 마르다였다. 그녀는 숨을 거두는 마지막 순간까지 다른 사람들을 섬겼다. 그녀는 예수님의 종 되심을 보여준 살아있는 표본이었다.

마리아의 유산도 기억해달라. 예수님께서 죽으시기 직전 그분에게 향유를 부었던 그녀의 아름다운 행동은 복음이 전파되는 곳은 어디서든지 회자되어왔다. 예수님께서 그것을 원하셨다. 왜냐하면 복음이 뿌리를 내리는 모든 곳에서 마리아가 그분께 그녀 자신을 낭비했던 것처럼 "낭비하는" 결과가 나타나야 하기 때문이다.

나는 당신도 그분의 최고의 가치에 눈이 뜨이기를 소망하며 기도한다. 왜냐하면 오직 그렇게 될 때, 그분을 위해서라면 그 어떤 것도 귀중하지 않고, 그 어떤 것도 희생이 아니고, 그리고 그 어떤 것도 가치있지 않음을 당신이 깨닫게 될 것이기 때문이다.

그리고 나를 기억하기 바란다. 나야말로 죽음을 이기는 예수님의 능력을 보여준 살아있는 트로피이기 때문이다. 그분이 나에게 무덤에서 나오라고 명하신 그 날은 역사에 길이 남을 것이다. 나는 그분의 이해할 수 없는 장엄함과 측량할 수 없는 위엄의 산 증인이다. 나를 죽음에서 일으키신 그분의 음성은 결코 나를 떠날 수 없다. 그리고 그것은 그분을 믿는 자들을 무덤에서 일으키시기 위해 다시 한 번 외쳐질 것이다.

죽음에 관해서는 그 권세가 이미 꺾였다. 따라서 당신은 죽음을 더는 두려워할 것이 없다. 나는 그것을 이미 다 겪어보았다. 그리고 산 자의 세상으로 돌아와서… 잘 살고 있다. 당신도 그럴 것이다.

사망의 쏘는 것은 제거되었다. 그러므로 그것을 두려워 말라. 내가 죽었었다가 지금은 살아있는 자로서 말한다. 예수님은 이제 사망과 음부의 열쇠를 쥐고 계신다. 죽은 자들을 일으키시는 하나님께 당신을 온전히 맡기는 것이 안전하다. 나는 그분을 곧… 다시 뵙게 될 것이다. 그리고 나보다 먼저 간 사랑하는 사람들과 함께 다시 한 번 주님의 품에서 기뻐할 것이다.

독자들이여, 내 이야기를 잘 간직하기를 바란다. 그것을 배우고 그것으로부터 배우라. 그리고 그것을 살아가라.

예수님은 모든 사람의 마음 안에서, 모든 집 안에서, 그리고 모든 교회 안에서 베다니를 찾고 계신다. 그러므로 우위를 점하여 구세주를 위한 베다니가 되기를 바란다. 그분은 그 어떤 것보다도 가치 있는 분이시다.

은혜와 평강이 함께하기를,

- 나사로로부터

적용하기

건져내고 이기고 완전히 채우라.
잔이 넘칠 때까지.
우리가 우상들과 무슨 관계가 있는가,
누가 그분과 동행하여 왔는가?

우리는 이제 한 바퀴를 다 돌았다. 예수님이 지상에서 "안전한 집"으로 택하신 곳은 예루살렘이 아닌 베다니였다. 베다니는 주님의 공생애 기간 중 결정적인 사건들과 항상 연결되어 있는데, 특히 그분의 마지막 날들과 연결되어 있다.

우리는 베다니에서 주님의 가르침, 그분의 사랑의 실재, 그리고 그분의 사명의 실재를 발견하게 된다. 우리가 그분의 죽음, 부활, 승천, 그리고 재림의 그림자를 볼 수 있는 곳이 그곳이다. 그리고 그분이 다시 세상에 오실 때, 어디로 오실까? 그분이 떠나셨던 그 곳, 바로 베다니일 것이다.

히브리서의 저자는 예루살렘 성문 밖으로 나가 그분에게로 갈 것을 우리에게 권한다.

그런즉 우리는 그 능욕을 지고 영문 밖으로 그에게 나아가자.^히

우리가 예수님께로 가려면 그분이 어디에 계시는지에 대한 질문부터 해야 한다. 여기에 답이 있다. 그분은 베다니에 계신다…. 그분을 영접하고, 그분께 감사하며, 그분을 보좌에 모시는 그곳.

이런 이유로 베다니는 언제나 기독교계를 포함한 이 세상으로부터 비난의 대상이었다. 베다니는 많은 사람이 모이는 곳이 아니고, 인기 있는 곳도 아니다. 영적 엘리트의 집합소는 더더욱 아니다. 서양의 그리스도인들은 세상과 동떨어진 영적 실재를 가지려는 기독교 신앙을 상상한다. 그것은 전부 죽은 후의 천국과 미래에 관한 것이다.

그러나 베다니는 오늘에 관한 것이다. 그것은 주님의 초림과 재림 사이에서 그분의 주권을 위해 사는 자로서의 우리의 사명에 관한 것이다. 베다니는 그리스도를 거부하는 세상 안에 있는 그분을 위한 곳이다. 그곳은 이렇게 말하는 곳이다.

"예수님은 이 땅의 주인이시다. 그리고 우리는 그분의 주권을 방해하고, 부인하며, 그것과 단절하려는 세상에서 이 사실을 실현 가능한 실재로 만들 것이다."

* * *

　지나간 수십 년 동안 모든 운동은 젊은 부자 관원에게 "네게 있는 것을 다 팔아 가난한 자들을 주라…. 그리고 와서 나를 따르라" 막 10:21라고 하셨던 예수님의 말씀 위에 세워져왔다. 실로, 예수님은 열두 제자를 부르실 때 그들의 직업을 그만두고 그분을 따르라고 하셨다. 하지만 그분이 그분의 제자 모두를 이렇게 부르신 것은 아니었다. 베다니의 가족이 이 사실을 보여주는 증인이다. 마르다, 마리아, 그리고 나사로는 한 곳에서 지냈고, 또한 형편이 넉넉했다.

　예수님께서 그들에게 베다니를 떠나라고 하신 적이 한 번도 없었다. 그들의 소유를 버리라고 요구하신 적도 없었다. 하지만 그분은 그들을 그분의 가장 친밀한 제자로, 또 가장 사랑하는 친구로 여기셨다.

　틀림없이 소비주의는 영적 올가미이고, 물질적 풍요에 대한 집착은 모든 악의 근원이다.딤전 6:10 하지만 가진 것을 다른 사람들과 나누는 것은 우리의 마음을 땅의 보화로부터 멀리하도록 보호해준다. 이것이 마리아, 마르다, 나사로가 우리에게 주는 교훈이다.

　달리 말하자면 물질을 소유하는 것 자체가 잘못된 것이 아니라, 물질이 우리를 소유하는 것이 잘못된 것이다. 그리고 우리의 모든 소유를 덜 가진 사람들과 나누어야 한다.

* * *

베다니는 성서 전체에 흐르고 있는 한 가지 주제를 다룬 생생한 그림을 우리에게 제시하고 있다. 이 주제는 거하실 집을 찾으시는 하나님의 영원한 여정에 관한 것이다. 나는 나의 책 『영원에서 지상으로』에서 창세기부터 요한계시록까지 흐르고 있는 이 주제를 추적했다.

성서는 하나님의 영이 수면에 "운행했다" 또는 "품었다"라는 말과 함께 시작한다.창 1:2 거기에서 우리는 성령이 하나님께서 거하실 곳을 찾고 있다는 것을 발견하게 된다. 즉, 성령은 하나님의 임재를 의탁할 곳을 찾고 있다.

그리고 모세의 장막에서 솔로몬의 성전으로, 다윗의 성막으로, 에스겔이 환상 가운데 보았던 성전에 이르기까지, 하나님은 이 땅에서 집을 찾으셨다. 하나님께서 선지자 이사야를 통해 하신 말씀을 들어보라.

> 하늘은 나의 보좌요 땅은 나의 발판이니, 너희가 나를 위하여 무슨 집을 지으랴? 나의 안식할 처소가 어디랴?사 66:1

베다니는 이 선지자의 외침이 성취되었음을 대변한다. 그것은 모든 그리스도인과 모든 교회를 위한 주님의 마음을 대표한다. 하나님은 이 땅의 모든 도시에서 베다니를 원하신다. **그분은 집을 원하신다.** 선지자는 그의 고향에서 존경을 받지 못한다. 하지만 예수 그리스도, 당신의 주님은 베다니에서 집을 찾으셨다.

결론적으로 이 땅은 모든 도시에서 철저하고 완전하게 다시 그분을 영접할 그리스도인들의 모임을 기다리고 있다. 그리스도를 그들의 삶의 절대적인 주인으로 보좌에 모실 제자들의 모임. 그분의 머리되심을 지지하고 굴복하는 제자들의 모임. 주 예수 그리스도의 발 아래 앉아 그분을 어떤 것보다도 더 존귀하게 여길 제자들의 모임. 자신들을 그분과 피차간에 온전히 내어줄 수 있는 제자들의 모임. 예수님 앞에 그들의 삶을 개인적으로, 그리고 공동체적으로 기꺼이 "낭비"할 제자들의 모임.

이 땅은 이런 모임을 기다리고 있다. 우리 주님께서 그분의 영혼이 고대하시는 곳을 가지시기를…. 베다니를 이곳에서, 그리고 지금, 당신과 나에게서 찾으시기를…. 당신은 이것이 벌어지도록 대가를 지불할 것인가?

토론하기

1. 나사로가 베다니에서의 예수님에 관한 이야기를 마쳤을 때의 이 야기에서 당신에게 가장 와닿은 것들은 무엇인가?

2. 이 책을 다시 읽어보고 베다니의 모든 영적 특징을 나열해보라.

3. 이 특징들 중 어떤 것이 오늘 당신의 삶에 가장 잘 적용될 수 있는 가? 그 이유를 설명해보라.

4. 당신의 주님을 위해 당신이 더욱더 베다니가 될 수 있는 방법은 무엇인가?

5. 당신의 주님을 위해 당신이 속한 교회가 더욱더 베다니가 될 수 있는 방법은 무엇인가?

6. 이 책에서 제시한 베다니에서의 예수님의 이야기를 살펴볼 때, 당신에게 새롭게 다가온 것은 무엇인가?

7. 마리아, 마르다, 나사로에게 당신이 가장 고맙게 생각하는 것은 무엇인가?

◆◆◆◆

1) 눅 9:23; 요 10:15, 13:37-38, 15:13; 요일 3:16도 참조할 것.

2) 빌 2:13; 갈 2:20도 참조할 것.

3) 이것은 신약 학자 Craig Keener의 상상력에서 나온 것이다.

4) 행 22:3을 참조할 것.

5) 눅 8:1-3을 참조할 것.

6) Leonard Sweet and Frank Viola, *Jesus: A Theography* (Nashville: Thomas Nelson, 2012).

7) 요 6:26을 참조할 것

8) Johnston M. Cheney and Stanley Ellisen, *The Greatest Story Ever Told* (Sisters, OR: Multnomah, 1994), 191-2.

9) 요한복음 2장과 12장을 비교해보라.

10) Leonard Sweet and Frank Viola, *Jesus: A Theography* (Nashville: Thomas Nelson, 2012), 234-6.

11) 주님의 재림에 관한 더 자세한 내용은 다음을 참조할 것: *Jesus: A Theography,* Leonard Sweet and Frank Viola, chapter 16.